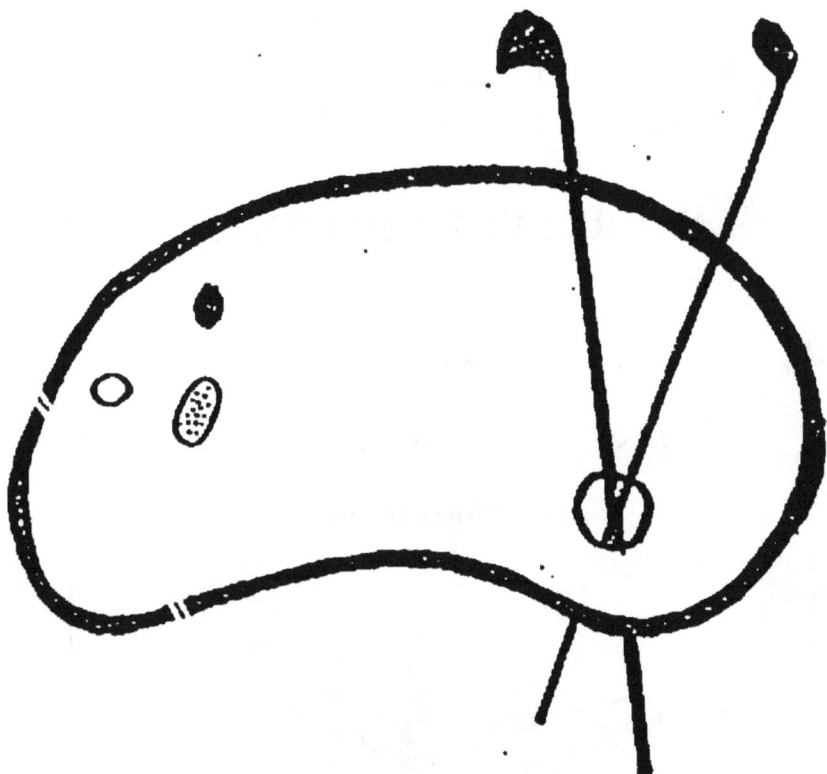

ORIGINAL EN COULEUR
NF Z 43-120-8

DEVOIRS
DES ENFANTS
ENVERS LEURS PARENTS

PAR

M. L'ABBÉ A. SAINT-CYR

CURÉ DE NEUVILLE-SUR-AIN

LYON

EMMANUEL VITTE,
Libraire
3, place Bellecour, 3

PARIS

JULES VIC ET AMAT
Libraires-Editeurs
11, rue Cassette, 11

CHEZ LES MÊMES LIBRAIRES

Un directeur de séminaire, l'abbé **Robelin**, chanoine honoraire de Belley, par l'abbé Théloz, supérieur du petit séminaire de Meximieux. Gr. in-16 de XL-332 p. 2 5o

La Sainte Messe, par le R. P. Martin de Cochem, des Frères mineurs capucins, seule traduction française autorisée avec l'approbation de NN. SS. les évêques de Moulins et de Verdun et une préface du T. R. P. Monsabré, in-12 de 400 pages 2 5o

La Propagatrice de la dévotion au Sacré Cœur de Jésus, **Anne-Madeleine Remuzat**, religieuse professe de la Visitation Sainte-Marie au premier monastère de Marseille, d'après les documents de l'Ordre, in-8 de 6oo p. . . . 5 »

Le P. Chevrier, fondateur de la Providence du Prado à Lyon (1826-1879), gr. in-16 de 35o p. Prix. 2 5o

Vie de saint Jean de la Croix, écrite en souvenir du troisième centenaire de son bienheureux trépas (1591-1891), par le R. P. Alphonse-Marie de Jésus, traduite de l'italien par l'abbé H. Feige, in-18 . . . . 1 25

Le Cœur de Jésus, trésor de l'Eglise, mois du Sacré Cœur dédié aux associés du Rosaire, par l'auteur du *Mois de saint Joseph*, d'après le P. Isolani, in-18 raisin . . . . 2 »

Dix Années en Mélanésie, étude historique et religieuse, par le R. P. Monfat, de la Société de Marie, in-8 illustré de 372 p. 3 5o

Lyon. Imprimerie E. Vitte, rue Condé, 3o.

DEVOIRS DES ENFANTS

ENVERS LEURS PARENTS

IMPRIMATUR

† Ludovicus-Josephus

Episcopus Bellicensis

Burgi, 2ª julii 1891.

Lyon. — Imp. Emmanuel VITTE, rue Condé, 3o.

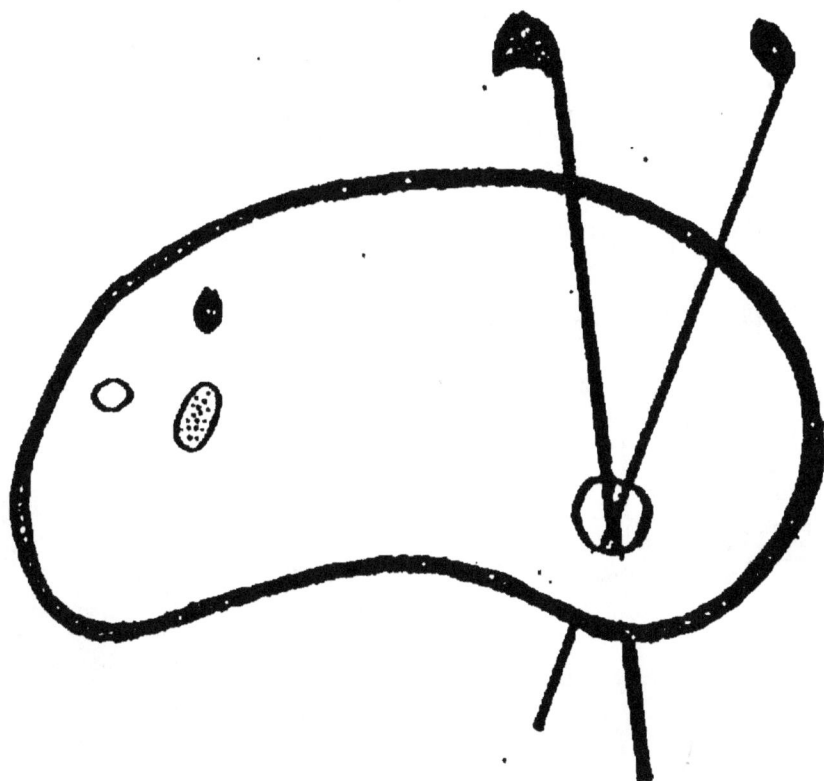

DEVOIRS

DES ENFANTS

ENVERS LEURS PARENTS

PAR

M. L'ABBÉ A. SAINT-CYR

É DE NEUVILLE-SUR-AIN

LYON

Librairie générale catholique et classique

EMMANUEL VITTE, DIRECTEUR

Imprimeur-libraire de l'Archevêché et des Facultés catholiques

3, place Bellecour, et rue Condé, 30

1891

PRÉFACE

CHERS ENFANTS,

En publiant la Mission religieuse des parents, *nous avons rappelé aux auteurs de vos jours leurs devoirs envers vous. Il est juste à présent de dire ce que vous leur devez en retour des longues années de peines et de sacrifices consacrées par eux à votre éducation. Plusieurs nous ont demandé de traiter aussi des obligations des enfants, et de vous faire, par ce moyen, le même bien qu'ils croient avoir reçu de nous. Ce petit livre, que nous vous dédions, sera notre ré-*

ponse à leurs pressantes sollicitations. Il
n'aura point pour vous l'attrait d'une histoire. Néanmoins, nous espérons qu'il ne
laissera pas de vous intéresser, en vous par-
lant de vos pères et mères, vos affections les
plus précieuses en ce monde. Puisse-t-il
contribuer ainsi au bonheur des familles,
en vous inspirant les sentiments de la piété
filiale! C'est là tout notre désir.

CHAPITRE PREMIER

LES ENFANTS DOIVENT AIMER LEURS PARENTS

> Souvenez-vous que sans eux vous ne seriez pas nés.
> (*Livre de l'Ecclésiastique,* chapitre VII, verset 30.)

Levez les yeux vers le ciel, chers enfants, et pensez à l'infinie bonté de Dieu qui a créé le genre humain. Nous sommes tous son ouvrage. Mais lui, qui a fait de ses mains nos premiers parents, ne crée plus immédiatement personne : il a associé à son œuvre

1.

les pères et mères, voulant qu'ils eussent part à l'affection des enfants. A lui, sans doute, appartiendra la première place dans votre cœur; mais la seconde, à qui peut-elle être, si ce n'est à vos parents?

La loi qui nous impose cet amour a été promulguée dans les splendeurs du Sinaï. Le Seigneur la grava de son doigt divin sur la pierre du *Décalogue*. Pour nous en bien marquer l'importance, il la plaça en tête de la deuxième table, où sont tous les préceptes se rapportant au prochain. De plus, pour stimuler notre ardeur et nous porter à une fidélité plus grande, il promit à ceux qui observeraient sa loi des bénédictions temporelles. Beaucoup de maux qui abrègent la vie humaine, leur seraient ainsi épargnés; ils entreraient ensuite en possession du bonheur du ciel. Magnifique sanction qui ne cesse de s'accomplir !

Sans l'expérience que nous avons de la misère inhérente à notre nature, nous devrions nous étonner des commandements par lesquels Dieu nous fait obligation de l'aimer, comme aussi d'aimer nos pères et mères. Malheureusement, ces préceptes sont tous les deux nécessaires : c'est une suite de notre dépravation originelle. Des hommes n'aiment pas Dieu qui les fait vivre; des enfants ne paraissent pas aimer ceux qui les ont mis au monde. Cependant, les animaux eux-mêmes, pour ce qui est au moins de leur mère, agissent d'une manière bien différente. Tous nous donnent ici l'exemple. Essayez de séparer un agneau de sa mère, quels efforts ne fait-il pas pour la rejoindre? S'il n'y réussit pas, quels cris tendres et plaintifs il pousse! Par pitié, rendez-le à sa mère, comme il est content! il ne se sent plus, il bondit de bonheur autour de sa chère nourrice. Un enfant chrétien aurait-il donc moins d'amour pour ses parents que n'en a ce petit animal pourtant dépourvu de raison?

Dans le bien-être dont vous jouissez, chers enfants, vous ignorez la peine et les cruelles insomnies qu'il a coûtées à votre père. Parfois vous êtes surpris de le voir rentrer avec un nuage au front et recevoir vos caresses avec une froideur qui vous semble de l'indifférence. Peut-être vous dites-vous : « Papa ne m'aime plus ! » Pauvres enfants, détrompez-vous. Si votre père est sombre, c'est qu'il vous aime; il a souci de votre bien : il craint de ne pouvoir subvenir à tous vos besoins. Regardez comme il fatigue; il ne cesse de travailler afin de n'avoir pas à vous répondre, quand vous lui demanderez du pain : « Je n'en ai plus. » Pour lui, ce n'est rien de souffrir des ardeurs de l'été ou des rigueurs de l'hiver, s'il peut par là vous préserver de la misère et vous procurer, à force de labeurs, le bienfait de l'instruction dont sa jeunesse a peut-être été privée.

Quelle n'est pas non plus pour vous l'affection de votre mère? Les peines que vous lui avez causées, les soins continuels qu'elle vous a prodigués depuis votre entrée dans la vie, étaient doux à son cœur maternel. Vous ne saviez encore que gémir et pleurer : elle essuyait vos larmes et apaisait vos cris. Quand il fallut vous apprendre à marcher, elle soutenait et dirigeait vos pas, véritable ange gardien qui vous empêchait de tomber, et vous relevait quand les chutes n'avaient pu être prévenues. Pour qui vit-elle, cette bonne mère, si ce n'est pour vous? A qui sont, le jour et la nuit, ses pensées? Vous êtes son vrai trésor. Vous

serait-il possible de ne lui être point atta-
chés?

Ce qui étouffe souvent dans le cœur de
l'enfant l'affection des parents, c'est qu'il
est grondé ou puni par eux. Mais réfléchis-
sez-y, je vous prie : les parents méritent
d'autant plus d'être aimés qu'ils reprennent avec plus de fermeté. Un jardinier qui,
faute de travail, laisse les ronces et les
mauvaises herbes croître en liberté dans
son jardin, fait-il preuve d'intelligence et
de prévoyance? Si vos pères et mères, par
négligence, vous abandonnaient à vous-
mêmes, sans vous reprendre, ils ressemble-
raient à ce mauvais ouvrier : loin de s'em-
bellir comme un merveilleux parterre, votre
âme ne produirait que du mal; le vice s'y
développerait tout à l'aise, et plus tard
vous seriez les premiers à vous plaindre de
n'avoir pas été corrigés à temps.

C'est ce que comprenait fort bien un enfant de onze ans. Louis avait été admis au banquet eucharistique depuis quelques mois seulement. Il était plein de piété filiale autant que de piété chrétienne. Une fois, cependant, il lui échappa une de ces fautes qu'excusent l'étourderie et la faiblesse de l'âge. Sa mère le punit avec sévérité. Un peu après, ses camarades le voyant triste, lui dirent: « Tu te laisses donc ainsi traiter !... Tu n'avais rien fait, ta mère ne t'aime pas. » Louis ne donna pas dans le piège. « Je ne veux pas, répondit-il, qu'on dise du mal de maman. Je l'aime plus encore que tout à l'heure. Si elle m'a puni, c'est pour mon bien ; je l'avais mérité. »

Aimez vos pères et mères, pendant que vous les possédez, mes enfants. Un jour viendra où la mort vous les ravira. Que se

passera-t-il à ce moment? Votre cœur se
serrera, en proie aux plus poignants chagrins ; vous vous répandrez en soupirs et
en sanglots ; peut-être éclaterez-vous en
cris déchirants. Mais si votre mémoire
vous rappelle une circonstance où vous
vous serez oubliés jusqu'à les peiner, bien
plus grande sera votre douleur. « Oh !
qu'il me serait doux maintenant, direz-
vous, de me jeter à leurs genoux, de couvrir
leurs mains de baisers, de leur demander
mille fois pardon ! »

Plaise à Dieu qu'à l'heure de la séparation, vos larmes soient les larmes d'un
cœur aimant qui regrette, et non les larmes
d'une conscience coupable qui ne fait que
se repentir !

CHAPITRE II

LES QUALITÉS DE L'AMOUR QUE LES ENFANTS
DOIVENT A LEURS PARENTS

> Aimez-vous les uns les au-
> tres comme je vous ai aimés
> moi-même.
>
> (*Évangile de saint Jean*,
> chap. XIII, verset 34.)

Vous devez avoir pour vos parents
un amour semblable à celui de
Jésus pour vous. Il nous dit à
tous : *Aimez-vous les uns les autres comme
je vous ai aimés moi-même* : d'un amour
religieux, compatissant, généreux et constant.

Il s'est fait homme pour instruire les

ignorants et convertir les pécheurs. Il
n'était point indifférent, sans doute, à nos
intérêts temporels ; mais le but final de
tous ses actes était de glorifier Dieu en
nous formant à la vertu et en nous menant
au bonheur du ciel. De même vous êtes obligés, chers enfants, d'aimer religieusement,
c'est-à-dire en vue de Dieu, vos pères et
mères. Sont-ils des chrétiens pratiquants,
encouragez-les par l'imitation de leurs pieux
exemples. S'ils vivent, au contraire, sans
souci de l'éternité, efforcez-vous, par la
prière et le dévouement, de les mettre dans
la voie du salut. Trop souvent votre affection pour eux n'a rien qui ressemble aux
dispositions de Jésus. Vous aimez le bien
que vous en recevez autant et même parfois
plus qu'eux-mêmes. En cela, vous obéissez
au plus mauvais de tous les penchants, à
l'égoïsme, ce qui est la source de bien des

péchés de votre part et de celle de vos parents.

Religieux dans l'amour que vous leur portez, vous serez aussi compatissants; je veux dire que vous serez sensibles à leurs peines, non pas seulement en prenant part aux chagrins qu'ils ont, mais en craignant surtout de leur en causer. Prenez modèle sur la tendre compassion dont Jésus donne si souvent la preuve dans l'Evangile. On vous verra alors bien différents de ces enfants, comme il en est beaucoup, qui, loin de diminuer les peines de leurs parents, semblent avoir pris à tâche de les accroître. Inutile d'entrer ici dans le détail; en regardant autour de nous, nous verrons là-dessus plus qu'on ne pourrait dire.

Il n'y a pas longtemps, dans un petit village de la Bresse, vivait un brave paysan, appelé le père Jérôme. C'était le plus hon-

nête homme du monde : il payait exacte-
ment ses dettes et ne cessait de travailler
pour sa nombreuse famille. Il labourait encore ses terres, quand il se vit arrêté par la
paralysie et atteint d'un cancer qui lui
rongea la moitié du visage. Que firent
alors Claude et Pierrette, son fils et sa belle-
fille ? Ils ne le supportèrent plus devant
eux. Pendant les repas, ils l'obligèrent à se
tenir caché dans un coin du foyer. Ils lui
reprochaient presque sa nourriture qu'ils
lui donnaient même insuffisante. Quelle bar-
barie dans ces enfants! On n'y saurait
penser sans horreur.

Vous, jeunes lecteurs, si la douleur vient
visiter vos pères et mères, vous redouble-
rez pour eux de prévenances, vous les
entourerez d'attentions, de tendresses, leur
faisant ainsi oublier en quelque sorte ce
qu'ils souffrent et bénir le ciel de vous

avoir donnés à eux comme soutien dans les jours de l'infirmité. Par là, vous les conso-lerez et vous vous ménagerez à vous-mêmes de délicieuses jouissances.

Il y a plus. Vous devrez être généreux à leur endroit; car Jésus l'a été dans une mesure incompréhensible à notre égard. Est-ce la manière dont vous les aimez? S'il en est ainsi, pourquoi cette tristesse, ces plaintes, ces larmes, ces colères quand ils vous refusent quelque chose? Le plus petit sacrifice vous coûte, lorsqu'il s'agit de vous plier à leurs volontés; vous ne vous priveriez pas du moindre amusement, sans témoigner de la mauvaise humeur, heu-reux lorsque vous n'allez pas à des dés-obéissances formelles. Votre affection n'a rien du dévoûment; on le voit à trop de marques. Elle ne pourrait donc plaire à Dieu.

« Un romain du temps de la république, le vieil Appius, venait d'être proscrit à la suite des discordes civiles. L'arrêt portait que les bannis, sous peine de mort, eussent à quitter la ville dans un délai de quelques heures. Mais Appius était infirme. Comment s'enfuir? Le vieillard se résignait à mourir. C'est alors que son fils lui dit : Mon père, puisque vous ne pouvez marcher, c'est moi qui vous porterai dans mes bras, comme jadis, quand j'étais petit, vous me portiez dans les vôtres. — Et, en effet, malgré les résistances de son père, malgré sa propre faiblesse, l'enfant prit ce pesant et précieux fardeau. Et l'on vit dans les rues de Rome marcher avec précipitation ce fils qui emportait son père. L'heure s'avançait, les portes de la ville étaient encore loin ; il fallut courir. L'enfant courut : la piété filiale lui donnait des ailes. On arriva au terme du voyage. Le fils tomba épuisé de fatigue, mais il avait sauvé son père. »

Voilà certes un bel exemple. Toutes les générations l'ont admiré. Il ne suffit pourtant pas d'un sacrifice passager pour être imitateur de Jésus. Le divin Maître a pour nous un amour constant : rien que la mort dans le péché peut le contraindre à nous haïr et à nous repousser. Nous le fuyons : il est le bon pasteur et court nous chercher comme la brebis perdue. Nous l'insultons et le persécutons : il nous poursuit de sa grâce comme Saul sur le chemin de Damas. Nous l'avons offensé mille fois, notre vie n'a été qu'un enchaînement de promesses réitérées et d'infidélités nouvelles : notre persévérance à l'offenser ne peut vaincre sa persistance à nous aimer.

Trop souvent, chers amis, vous vous

attachez à vos parents parce que l'intérêt
vous y porte. S'ils n'acquiescent point à
tous vos désirs, ou vous reprennent un
peu sévèrement quand vous êtes en faute,
votre cœur se refroidit, votre affection
n'est plus la même. Elle doit durer, cette
affection, toute leur vie et au delà. Il
semble même que la vieillesse ajoute encore à vos obligations et à leurs droits.
Regardez votre aïeul avec sa marche lente,
son port noble, son air réfléchi. Comme il
mérite vos égards! L'expérience l'a rempli
de prudence; il vous aime et se sent
comme rajeuni en vous. Apprenez de lui la
sagesse. La blancheur de ses cheveux vous
annonce qu'il est déjà sur le seuil de l'éternité et vous montre en sa personne un re-
flet de la vie à venir. En partant, il va vous
laisser, avec le fruit de ses soucis et de son
travail, le trésor incomparablement plus

précieux de ses conseils et de ses exemples.
N'est-ce pas un titre éternel à votre affection? Ne cessez jamais de l'aimer.

CHAPITRE III

LES ENFANTS DOIVENT RESPECTER LEURS PARENTS

> Honore ton père et ta mère.
> (*Évangile de S. Mathieu,*
> chap. xv, verset 26.)

LE respect est un sentiment intime de notre infériorité, manifesté par des marques d'honneur.

Que vous en soyez redevables à vos parents, cela ne peut être l'objet d'un doute ; car, quelle que soit votre condition, vous serez toujours leurs inférieurs. Ils l'emportent sur vous par l'expérience et la majesté de l'âge. Ensuite et surtout, la paternité et la providence de Dieu qu'ils représentent dans la famille, les revêtent vis-à-vis de vous d'un caractère inviolable et sacré.

Aussi, de quelle rigueur ne sont point à ce sujet les prescriptions de la loi divine? Là, elle vous dit formellement : *Honore ton père et ta mère.* Plus loin, joignant la menace au précepte, elle ajoute : *Que l'œil de celui qui insulte son père et méprise sa mère soit arraché par les corbeaux et dévoré par les aiglons!*

Jeunes lecteurs, mettez-vous à l'abri de cet anathème. Le respect auquel ont droit vos parents est une suite nécessaire de l'amour filial; il est gravé avec lui dans le cœur des hommes; il repose sur l'ordre même des choses. Nous le voyons exister au milieu même des contrées encore plongées dans les ténèbres du paganisme. Chez les Arabes mahométans, un fils ne contredit jamais son père, et se tient debout devant lui jusqu'à ce qu'il ait reçu ordre de s'asseoir. Parmi les peuplades sauvages de l'Amérique, un crime réputé affreux est celui d'un enfant sans déférence envers sa mère. Dans les Indes, lorsqu'une fille a mal agi, sa mère se contente de lui jeter quelques gouttes d'eau au visage, en lui disant : « Tu me déshonores. » Ce reproche ne manque jamais son effet. Quelle leçon pour beaucoup d'enfants qui sont nés dans la pure lumière de la foi !

N'oubliez pas la distance qui vous sépare de vos parents. Qu'ils soient pour vous pleins de condescendance et de bonté, vous devez en être reconnaissants; mais cela ne vous autorise pas à devenir envers eux insolents, exigeants, malhonnêtes, comme il arrive trop souvent.

Comprenez combien les parents sont sen-

2.

sibles à une grossièreté. Une irrévérence,
si petite soit-elle, leur paraît une cruauté:
elle leur brise le cœur. Avoir aimé son fils
ou sa fille plus que sa vie et s'en voir mé-
prisé, c'est une épreuve dont ils souffrent
d'autant plus qu'ils tiennent plus longtemps
cachée la cause de leur mal. Aussi, quand
ils n'y peuvent plus tenir, s'ils reçoivent
la visite du pasteur de la paroisse, quelle
désolante explosion de chagrin s'échappe
de leurs poitrines oppressées ! « Monsieur
le Curé, que je suis malheureux !... Plaignez-
moi... Priez pour moi !... J'ose à peine
vous dire qui me fait souffrir... Ce sont
mes propres enfants! Je me suis dévoué,
sacrifié pour eux, et en retour je ne reçois
que de l'ingratitude. Je m'entends tous les
jours reprocher le pain que je mange. Si je
veux placer un mot dans une conversation,
donner un conseil, on ne m'écoute pas, on

me ferme la bouche, on m'insulte. Il n'y
a pas jusqu'à mes petits-enfants qui ne se
fassent un jeu de ma vieillesse et de mes infirmités. »

L'histoire des fils de Noé nous apprend
quelle malédiction divine tombe sur les enfants coupables de manquer de respect aux
auteurs de leurs jours. Un d'eux, Cham ou
Chanaan, est puni encore à présent, dans
sa postérité, de la grave irrévérence qu'il a
commise à l'égard de son père. Ses descen-
dants, esclaves, se courbent devant un fé-
tiche et obéissent à un tyran qui les tue par
caprice ou les vend par cupidité. Japhet au
contraire, le fils respectueux, qui a voulu
tout aussitôt réparer l'outrage, est béni depuis ce temps-là. Les peuples dont il est le
père ont toujours été comme à la tête du
genre humain; leur supériorité sur le reste
des hommes est incontestable. Nous le

voyons par l'état des Européens qui dominent véritablement sur toute la terre.

Mais, diront peut-être quelques-uns, nos parents sont remplis de défauts; ils ont envers nous des torts; leurs manières, leurs habitudes sont mauvaises; ils se rendent souvent ridicules. — Rien de cela ne vous excuserait, mes enfants. Le respect dû aux parents est indépendant des qualités ou des travers qu'ils ont, de la manière dont ils s'acquittent de leurs devoirs; il ressort avant tout de leur inaliénable dignité de père ou de mère. Une faute qu'ils commettraient, une infirmité dont ils seraient affligés, ne sauraient changer vos obligations envers eux. Voici deux crucifix : l'un est en or, l'autre est d'un bois vulgaire. Aurez-vous du respect pour le premier et du mépris pour le second? Non; mais vous témoignerez à tous les deux une égale vé-

nération, parce qu'ils sont l'un et l'autre
l'image du divin Maître. Ainsi devez-vous
respecter vos parents, parce qu'ils sont
l'image de Dieu. Ils ont des défauts : rappelez-vous tout ce que votre mère a enduré
des vôtres dans les faiblesses de l'âge. Ils sont
pauvres et vous êtes riches : faites comme
le patriarche Joseph, qui au milieu de l'opu-
lence se hâta d'aller à la rencontre de son
père et de l'introduire dans le palais des
Pharaons. Ils ont des infirmités, des mala-
dies : à l'exemple de Tobie, méritez d'entendre les auteurs de vos jours vous dire :
« *O vous, notre enfant chéri, la lumière
de nos yeux, le bâton de notre vieillesse, la
consolation de notre vie !* »

CHAPITRE IV

LES QUALITÉS DU RESPECT QUE LES ENFANTS DOIVENT

A LEURS PARENTS

> Honore ton père et ta mère.
>
> (*Évangile de S. Mathieu,* chapitre xv, verset 24.)

DANS la famille le père est inviolable parce qu'il est père, comme dans la république le président est inviolable parce qu'il est président. Ils n'ont pourtant pas droit aux mêmes hommages. Pour être fidèle citoyen, il suffit peut-être de respecter la majesté du chef d'Etat dans les actes et la vie du dehors,

tandis que, pour être bon fils, on doit avoir
envers la majesté paternelle un respect à la
fois *intérieur* et *extérieur*.

Est-ce ainsi que vous le compreniez ?
Vous entourez vos parents d'égards en quelque sorte officiels ; lorsqu'ils sont attaqués,
vous les défendez vivement ; quand vous
en parlez, c'est avec un accent qui ôte à
tous l'idée de les blâmer devant vous.
Mais si pour eux vous ne faites que cela,
vous n'accomplissez pas tout votre devoir.
Il faut que vos dispositions intérieures
leur soient favorables. La joie d'avoir à les
approuver ; une liberté parfaite pour les
louer ; une propension à les mettre au-des-
sus de soi, à s'observer en leur présence ;
une fidélité prompte et facile à suivre leurs
avis ; un grand fonds de sympathie et de
bienveillance pour eux, voilà les sentiments
de l'enfant vraiment respectueux. Les

éprouvez-vous ? N'êtes-vous pas plutôt ten-
tés de mépriser les conseils qu'on vous
donne ? Si vous recevez une observation
pénible, n'êtes-vous pas portés à hausser
les épaules ? Ne regardez-vous pas de travers, lorsqu'on vous punit ? Il en est qui
répondent avec impertinence et hauteur.
D'autres restent dans un morne silence,
comme pour montrer qu'on est injuste à
leur endroit et qu'ils en gardent rancune.
D'autres, enfin, plus coupables, soupçon-
nent le mal dans tout ce que l'on dit ou fait
même pour eux. Gardez-vous de leur res-
sembler. Interprétez en bonne part, tant
que cela est possible, ce que vous voyez ou
entendez à la maison. Quand une faute est
si manifeste qu'elle ne peut être excusée,
pensez à la tendre affection que ne cessent
pas de vous témoigner ceux qu'à présent
vous devez condamner ; renvoyez le mal à

3

sa source véritable, c'est-à-dire à cet in-
convertissable méchant qu'on appelle Satan et qui pousse incessamment les hommes au péché. Ces dispositions sont l'âme
du respect.

Il ne les avait pas, le petit libertin
qu'on a vu s'amuser l'autre jour à contre-
faire la démarche et les gestes de son père.
Celui-ci, il est vrai, avait perdu dans le
vin, la dignité qu'il aurait dû toujours garder. Mais Paul, qui prenait devant lui des
airs et une voix d'ivrogne, n'était-il pas
aussi très coupable? Il eût mieux fait d'em-
mener son père à la maison pour le soustraire aux regards et aux railleries des pas-
sants. Sa conscience serait certainement
plus tranquille aujourd'hui.

Dans l'occasion, jeunes lecteurs, voilez
les défauts de vos parents, faites valoir
leurs qualités, soyez pour eux remplis de

déférence. Quand, le matin, vous les rencontrez pour la première fois, n'oubliez pas de les saluer. Le soir, dites-leur adieu, en les quittant pour aller prendre votre sommeil. Lorsque vous allez ensemble chez les voisins et les amis, entrez toujours après eux. Vous faut-il passer les premiers, découvrez-vous et demandez pardon. Qu'ils aient toujours à table la place d'honneur. Beaucoup se rient d'une telle politesse. Pour vous, observez-la toujours; elle n'est jamais indifférente; c'est une manière de pratiquer la charité, qui comprend l'amour des parents et toutes les dépendances de cet amour.

Qu'il est pénible de voir ce dont j'ai été témoin un jour : un enfant de douze à treize ans jurait et blasphémait, accablait sa mère d'invectives ! Il semblait un démon déchaîné. N'allez pas avec lui. Tôt ou tard, vous le verrez, il sera puni de Dieu; le Seigneur, qui ne trompe ni ne se trompe, nous dit par l'Ecriture : *Celui qui profère une malédiction contre son père ou sa mère, qu'il meure !*

Veillez sur votre langue. Ne vous mettez jamais en colère. Si vous vous animez devant les résistances que vous éprouvez, n'employez pas de mots grossiers, de gestes désordonnés, de menaces, d'emportements d'aucune sorte. Vous voyant agir de cette façon, on en voudrait à vos parents de vous avoir si mal élevés.

Vous étudiez l'histoire de France, n'est-ce pas ? Vous connaissez, au moins de nom, le cardinal Maury ; mais ce que vous ignorez probablement, c'est que ce grand orateur était fils d'un pauvre cordonnier de Valréas. Au moment où tous les échos du monde répétaient sa gloire parlementaire,

son vieux père, désirant le voir, arrive à
Paris, en son costume de paysan, et, dans
son impatience, va directement à l'hôtel où
il sait que le célèbre abbé passe la soirée.
Comment est-il accueilli ? Un enfant ingrat
l'aurait méconnu, éconduit, ou se serait
pris à rougir de ses modestes vêtements et
de son langage rustique. Mais Maury est
autrement noble. A peine averti, il sort du
salon, court à son père, le serre étroitement
dans ses bras et, le prenant par la main,
le présente fièrement à ses amis. « Mes-
sieurs, leur dit-il, voilà mon père. C'est à
son amour et à son travail que je dois la
vie, l'éducation et tout ce que je suis. »

Apprenez de là à honorer vos parents,
malgré la supériorité de talent, de condition ou de fortune que vous pourrez avoir
un jour sur eux. S'ils sont courbés sous le
poids des ans, efforcez-vous d'adoucir leur

sort par vos bons procédés. En voyant les profondes rides qui sillonnent leur front, en contemplant leur chevelure blanche, couronne sacrée formée par les soucis et la douleur, ne se sent-on pas pénétré d'une sainte vénération ? Le cœur bien né s'incline d'instinct devant eux.

A la fleur de l'âge, mes enfants, vous chantez, vous folâtrez, semblables à l'oiseau qui vole et sautille près de son nid ; en courant dans vos jeux, vous touchez à peine du pied la terre. Mais il n'en sera pas toujours ainsi : vous deviendrez comme ces vieillards, qui, appuyés sur un bâton, vont péniblement chercher pour leurs membres refroidis un peu de mouvement et de soleil. Entourez-les de respect ; on sera pour vous ce que vous aurez été pour eux.

CHAPITRE V

LES ENFANTS DOIVENT OBÉIR A LEURS PARENTS

> Il leur était soumis.
> (*Évangile de S. Luc,*
> chapitre ɪɪ, v. 5ɪ.)

L'OBÉISSANCE, voilà un devoir contre lequel tout conspire aujourd'hui : le relâchement introduit dans nos mœurs, l'amour de l'indépendance, l'égalité érigée en dogme et passant de la société publique dans la vie privée, l'excessive indulgence des parents eux-mêmes. Quelle est pourtant la grande loi du monde, sinon la subordination ? Que deviendrait notre belle France, si chaque citoyen avait la prétention de la gouverner ? Ne serait-elle pas bouleversée et bientôt livrée au pillage ? A quoi aboutirait une armée dont les soldats, indisciplinés, refuseraient d'obéir au commandement du général ? Ne serait-elle point massacrée sur le champ de bataille ?

Toute société, pour vivre et prospérer, ne doit être sujette ni au tumulte ni à la confusion. Ainsi en est-il de la famille : il faut que l'ordre règne dans son sein. Mais, pour que cet accord et cette bonne harmonie nécessaires subsistent en elle, il faut quelqu'un qui commande et quelqu'un qui obéisse. Or, à qui revient-il d'obéir dans la famille ? Aux parents ? Ils ont reçu, avec la paternité, le droit de diriger dans le bien ceux dont ils sont les auteurs, et ils ont, pour cela, la lumière et la force. A qui de commander ? Aux enfants ? Ils ne sauraient se conduire eux-mêmes, faute d'expérience et de raison. Au milieu des dangers du monde, s'ils veulent se préserver de tout mal, il est indispensable qu'ils se laissent guider par les sages conseils des parents. La nature leur en fait une nécessité, et Dieu une obligation.

Ce Dieu qui vous a créés et rachetés, je suppose qu'il descende une seconde fois sur la terre : il se présente à vous et vous dit : « Mon fils, ma fille, je viens vous demander de m'obéir. » Quelle sera votre réponse ? Tombant à genoux les mains jointes, les yeux baignés de larmes d'allégresse et d'amour, vous vous écrierez : « Seigneur, parlez, parlez ! mon activité, ma personne, tout ce que j'ai vous appartient. Je serai trop heureux, si je puis faire votre volonté. » Eh bien ! cette volonté di-

3.

vine, tous les jours vous pouvez l'accomplir ; car vos parents tiennent la place de Jésus auprès de vous ; ils commandent en son nom ; c'est lui-même qui vous parle par leur bouche. Pourquoi donc n'écoutez-vous pas toujours votre père ? Pourquoi les ordres de votre mère sont-ils si souvent méprisés ?

Voulant vous rendre l'obéissance plus facile, le divin Maître vous en a lui-même frayé le chemin. Il ne ressemblait point aux jeunes gens aveugles et passionnés, exposés à tomber dans les embûches du démon : sa science s'étendait à tout ; sa vertu était incapable de faillir. Si un enfant avait le droit de se conduire d'après sa seule volonté et de faire la loi dans la famille, assurément c'était lui, fils de Dieu, créateur des mondes. Voyez-le, cependant, dans l'humble atelier de Nazareth. Lorsque Marie demande qu'on l'aide aux soins du

ménage, répond-il *non ?* Quand Joseph a
besoin d'un instrument de travail, refuse-
t-il d'aller le chercher ? Il est d'une si parfaite obéissance que l'Evangile a résumé
toute sa jeunesse en ces quatre paroles : *Il*
leur était soumis!

Efforcez-vous de suivre ses exemples.
Le bonheur de vos parents l'exige. L'enfant docile est en effet une bénédiction pour
une famille. Il profite de tous les enseigne-
ments paternels, cette précieuse semence
de vertus jetée dans le champ de son âme ;
il embaume le foyer du parfum de sa piété :
c'est un charme de vivre avec lui. L'enfant
entêté, au contraire, quels désagréments
ne cause-t-il pas à ceux qui l'entourent ?
Ah ! il fait mal à voir. On ne félicite pas
les siens ; on les plaint.

C'était dans une petite ville gracieusement assise sur les bords de la Saône. Une

mère de famille avait une fille avantageu-
sement douée par la nature au point de vue
des dons extérieurs que la vanité admire
et envie. Il y a deux ans à peine, elle en
était heureuse et fière ; elle mettait sa gloire
à la montrer au monde. Aujourd'hui, pauvre mère ! brisée par la souffrance, elle est
réduite à cacher dans ses mains la rougeur de
son front. Quel malheur l'a frappée? Hélas !
son Anna, qu'elle idolâtrait, était capricieuse,
désobéissante ; secouant le joug de l'autorité qui la soutenait dans le droit chemin,
elle a fréquenté des personnes suspectes,
et elle est à jamais flétrie et déshonorée !

Ce n'est pas moins votre propre intérêt
que celui de votre famille qui vous impose
le devoir d'obéir à vos parents. Ceux-ci savent mieux que vous ce qui vous est utile
ou nuisible. S'ils vous commandent une
chose, c'est toujours pour votre bien, même

quand ils contrarient vos goûts. Rappelez-
vous ici certains événements de vos premières années. Votre mère vous avait défendu de vous approcher du feu : vous ne
l'avez pas écoutée et vous vous êtes brûlés.
Elle vous avait dit : « Je ne veux pas que tu
joues avec ce couteau : » vous avez en-
freint sa défense et vous vous êtes coupés.
Un jour de marché, votre père avait ordonné à Pierre de rester à la maison, de
peur qu'il ne lui arrivât un accident : attiré
par un étalage, Pierre sortit sur la place et
un cheval, qui arrivait au galop, le renversa
à terre. Une autre fois qu'il semblait
avoir fortement gelé, on avait recommandé
à Yvonne de ne point s'amuser sur la glace
du ruisseau voisin : Yvonne y alla en cachette, s'enfonça dans l'eau jusqu'aux genoux et eut un rhume de trois semaines.

Vous avez grandi. Mais la désobéissance

vous préparerait encore à présent de bien amers regrets. On veut, par exemple, que vous fréquentiez l'école : ne vous y refusez pas comme ces bambins qui s'y font conduire à coups de verge. Autrement, vous seriez voués à l'ignorance, méprisés un jour de vos égaux et incapables d'entreprendre un commerce, ne sachant ni régler vos comptes ni correspondre avec vos clients. On vous met en garde contre les journaux et les romans de la presse athée : c'est le fruit défendu, le fruit de la science du mal : n'y touchez pas ; la lumière de la foi, destinée à nous soutenir dans la vertu, s'éteindrait peu à peu en vous et vous deviendriez, sans beaucoup tarder, victimes des plus mauvais instincts. C'est ainsi que, d'une façon ou de l'autre, toute désobéissance est suivie de son châtiment.

Chers enfants, malgré vos rêves d'indépendance, vous serez toute votre vie sous le commandement d'un maître. Si, dès maintenant, vous vous appliquez à être dociles à la direction qu'on vous donne, vous prendrez des habitudes d'ordre et de religion qui vous feront infailliblement aimer de Dieu et des hommes ; vous trouverez aussi dans le bon témoignage de votre conscience des dédommagements aux efforts exigés par les difficultés de l'entreprise. Si, loin de combattre en vous l'esprit d'insubordination, vous préférez vous en laisser dominer, vous vous condamnez d'avance à la honte et au mépris, en ne vous corrigeant point de vos défauts. L'enfant trop libre ne sera jamais qu'un esclave. Par contre, celui qui saura obéir avec amour et dévouement exercera autour de lui un empire auquel on ne songera pas même à se soustraire.

CHAPITRE VI

LES QUALITÉS DE L'OBÉISSANCE QUE LES ENFANTS DOIVENT A LEURS PARENTS

> Obéissez en tout à vos parents, selon le désir du Seigneur.
>
> (*Épitre de S. Paul aux habitants de Colosses*, chap. III, vers. 20.)

La première qualité de l'obéissance est la *promptitude*. Tout vous l'enseigne dans le ciel et sur la terre. Dans le ciel, les anges qui entourent le trône de Dieu, partent au moindre signe de sa volonté. Sur la terre, les vrais chrétiens laissent tout ouvrage inachevé et courent faire ce qu'on leur commande. Les petits même des animaux obéissent au père et à la mère qui les appellent, les reprennent ou les avertissent de quelque danger.

Le bon fils pourrait-il agir autrement ? Il sait que quand ses parents ordonnent, c'est Jésus qui dit : « Je veux. » Et quand Jésus dit : « Je veux, » qu'a-t-il à faire, si ce n'est obéir ? Aussi, regardez-le : prend-il exemple sur ces enfants raisonneurs auxquels il faut répéter dix fois la même chose pour être écouté, surtout quand il est question d'apprendre une leçon, de se coucher ou de se lever ? Se modèle-t-il sur ces caractères hautains et rétifs qui ne cèdent qu'à la violence ? Semblable à l'oiseau qui s'envole au plus léger bruit, il tient l'oreille toujours attentive pour saisir la volonté paternelle ou maternelle, et se lève avec empressement pour l'exécuter. Son père parle, il est debout; sa mère a fini de parler, déjà il est en train d'exécuter ses ordres.

Pour avoir tout son prix aux yeux de Dieu et des hommes, l'obéissance doit être *prévenante*. Dans notre première enfance, nous ne savions que gémir et pleurer; nous étions incapables de rien dire. Nos parents ne s'inquiétaient cependant pas moins de nos besoins et de nos désirs : ils cherchaient à les deviner et y subvenaient dès qu'ils avaient cru les comprendre. Ne convient-il pas que nous les payions de retour ? N'est-ce pas justice ? La prévenance n'a pas l'air d'une qualité très importante ; mais voyez combien l'enfant qui la possède rend agréable la vie de famille. « Maman, l'entend-on répéter, faut-il faire ceci ? Papa, faut-il faire cela ? Oh ! laissez-moi vous aider un peu. » On n'a pas la peine de rien lui demander; il va au-devant

de vos moindres désirs. Sa mère veut travailler à la couture, il lui glisse un tabou-
ret sous les pieds; son père se dispose à
sortir, vite il court chercher sa canne et
son chapeau.

Prompte et prévenante, l'obéissance doit
encore être cordiale. *Obéissez de cœur*, vous
dit la Bible. Quand vous feriez ce que l'on
vous demande, si vous n'agissez qu'à con-
tre-cœur, vous êtes semblables à un esclave; vous n'avez pas la piété filiale. Ce
n'est point à la peur que doit céder l'enfant chrétien. La foi lui montre dans ses
parents Notre-Seigneur Jésus-Christ en
personne. Il se plaît à leur obéir parce
qu'il les aime et qu'ils lui représentent
Dieu. Aussi, voyez comme il reçoit leurs
ordres, comme il les garde dans son souvenir : il les observe en toutes les occasions
sans chercher à s'en affranchir.

Lorsqu'une œuvre vous est commandée, appliquez-vous à l'aimer, même si elle vous est pénible. La peine, dans ce cas, devient méritoire, principalement si elle est grande et bien acceptée. Arrière donc tout ce qui tient de la mauvaise humeur; pas de tristesses. Il ne faut pas que, pour vous faire obéir, on ait recours soit aux menaces soit aux promesses. Obéissez avec le sourire sur les lèvres et la joie dans le cœur.

L'obéissance doit s'étendre à tout. Les parents peuvent l'exiger toute leur vie, en se tenant dans les limites de leur droit, lequel n'est pas toujours le même. Quand vous serez arrivés à l'âge mûr, l'obéissance se réduira pour vous à une déférence respectueuse bien différente de la soumission absolue qui vous oblige à présent. Cette déférence ne sera point une vraie dépendance ; mais elle attestera qu'envers les auteurs de vos jours les sentiments de votre enfance se seront heureusement conservés. Les défauts des parents, leurs fautes même, ne diminuent pas leurs droits et ne nous affranchissent pas du devoir d'une juste soumission.

Le fait suivant est trop instructif sur ce point pour être ici passé sous silence. Dans une famille pauvre et misérable se trouvait un enfant candide et pur. Les parents dénaturés en faisaient une victime de leur brutalité et le chassèrent un jour de la maison sous prétexte qu'il mangeait trop. On le vit donc, manquant de pain, de vêtements, d'abri, mendier et soupirer en pleurant le long des rues. Il était bien malheureux pour être jeune encore. Mais la Providence y pourvut. Un riche et généreux bourgeois le prit à son service. Quelle fut alors sa conduite ? Il resta aussi docile à la voix paternelle que fidèle à son maître. Au bout d'un certain nombre d'années, son père et sa mère, devenus vieux, restant seuls, lui mandèrent de revenir auprès d'eux pour les aider à vivre, et il n'hésita pas un instant à leur obéir. Son maître essaya vainement de le retenir en augmentant ses gages. — Je peux me passer de vos gages, lui dit-il; mais les deux vieillards auxquels je dois la vie ne peuvent se passer de moi. — N'en sois pas en peine, j'aurai soin de leur entretien. D'ailleurs ils ne méritent guère tes services, puisque tu n'as reçu d'eux que de mauvais traitements. — N'importe ! S'ils ne méritent pas mes services, le bon Dieu les mérite, c'est pour l'amour de lui que je veux leur obéir. Quelque mauvais qu'ils soient, ils sont toujours mon père et ma mère; je suis toujours leur enfant et je sens tout ce que la nature réclame de moi à leur égard. — Va, mon ami, Dieu te bénira, parce que tu es un enfant d'obéissance.

Dieu le bénit en effet. De ses parents indignes il ne reçut toujours que des injures ; mais il fut largement récompensé par un héritage que lui laissa son maître, et plus largement encore par le souvenir de son amour filial.

Rien autre chose que le mal n'est excepté dans la soumission due aux pères et mères par les enfants. Nul n'a droit de rien commander de ce qui est contre la loi de Dieu : résister à ces ordres est un devoir ; leur obéir serait un crime. Au lieu d'agir dans le sens d'un commandement impie, il faut parler comme les Apôtres et dire avec une sainte hardiesse : *Mieux vaut obéir à Dieu qu'aux hommes.*

Mais ici il n'y a pas lieu d'insister ; ne vivant que pour votre bonheur, vos parents ne sauraient vous porter au mal. Demandez-vous donc si votre obéissance revêt toutes les qualités que nous venons d'indiquer. Est-elle universelle, joyeuse? Avant d'exécuter ce qui est ordonné, ne discutez-vous pas ? N'objectez-vous pas que vous êtes occupés à ceci ou à cela ? Assurément, vous récitez souvent le *Pater*. Chaque jour vous dites à Dieu : « Notre Père qui êtes aux cieux, que votre nom soit sanctifié, que votre règne arrive, *que votre volonté soit faite.* » Mais quelle est votre sincérité ? Votre cœur ne change-t-il pas un de ces mots que prononcent vos lèvres pour lui substituer celui-ci : « Que *ma* volonté soit faite en tout, toujours, et le plus tôt possible » ?

Chers enfants, Jésus est votre modèle, et il sut accomplir de point en point les volontés de sa mère, de son père nourricier et de son père céleste. Pour cela, selon l'expression d'une belle âme, il se fit *le premier domestique du monde*. Pourquoi ne marchez-vous pas sur ses traces ? Dans une famille il y a tant à faire ! Que vos parents vous sachent prêts à tout ouvrage ! Quand ils ont besoin de vous, soyez toujours là. *L'homme obéissant chantera victoire*, dit la sainte Écriture. Plus son obéissance sera parfaite, plus son triomphe aussi sera grand.

CHAPITRE VII

LES ENFANTS DOIVENT A LEURS PARENTS
LA RECONNAISSANCE

> Sois reconnaissant envers
> eux.
> (*Livre de l'Ecclésiastique*,
> chapitre VII, verset 29.)

LA reconnaissance consiste dans un doux souvenir des services reçus, et dans la disposition de faire en retour tout le possible pour témoigner de nos bons sentimens.

Vos parents sont ici-bas vos plus grands bienfaiteurs. C'est dire qu'ils ont droit à votre reconnaissance. Comment vous acquitter envers eux? Dieu seul est assez riche pour les récompenser dignement un jour dans le ciel. Mais, en attendant, si vous pouvez leur donner un acompte, vous le devez. Il ne suffit pas de les aimer, de les respecter, de leur obéir; il y a obligation, surtout s'ils sont dans le besoin, de leur rendre le bien qu'on a reçu d'eux aux premières années de la vie. Celui qui délaisse son père ou sa mère dans les nécessités corporelles ou spirituelles, est un être dénaturé. Son nom, dans le livre du Juge, est écrit parmi ceux des parricides.

Le devoir ici vous est tracé par la Religion comme par la loi naturelle. Si vous rencontriez Notre-Seigneur Jésus-Christ pauvre, misérable, plongé dans une profonde affliction, resteriez-vous insensibles à ses peines, oubliant qu'il est mort pour vous sauver? Afin de le secourir et de le consoler, votre amour ferait de la douleur un plaisir et de la privation une jouissance. Eh bien! tous les jours vous pouvez lui porter ce secours et lui donner cette consolation; car, après le tabernacle où il habite, il n'est présent nulle part autant que dans nos parents malheureux, et il nous enseigne qu'il regarde notre conduite à leur égard comme s'adressant à lui-même. Les vêtir, c'est le vêtir; les nourrir, c'est le nourrir; les soigner dans la maladie, c'est panser ses plaies sur la croix. Soyez donc généreux à leur endroit et ne regrettez jamais les sacrifices imposés par la reconnaissance.

Ces sacrifices, l'Eglise les estime autant que les œuvres ayant pour but d'honorer Dieu. Elle fait même souvent céder devant eux ses préceptes. A l'enfant qui brûle du désir de se dévouer pour ses parents, elle n'ose, pour ainsi dire, rien commander. Pleine de respect et d'admiration, elle se

dépouille en quelque sorte de son autorité
sur lui. « Tu aimes, lui dit-elle, fais ce que
tu voudras. Ton père est dans le besoin,
tends-lui la main. Ta mère languit aban-
donnée sur un lit de douleur, environne-la
de soins assidus. Si une de mes lois est un
obstacle à ton dévouement, je l'ôterai moi-
même ; car le culte le plus parfait que tu
puisses rendre à Dieu est celui par lequelle
tu assisteras les auteurs de tes jours en souvenir de la Crèche et du Calvaire. » Ainsi,
mes enfants, tout doit exciter en vous la
reconnaissance.

Voyez cette famille où l'harmonie et le
contentement règnent sans le moindre
trouble. Dans cet intérieur, en même temps
calme et vivant, c'est un perpétuel et doux
échange de bons procédés, rien ne choque,
rien ne se heurte, tout est à sa place. Voulez-
vous savoir la cause de cette merveille ? La

voilà : c'est cette jeune fille qui, gardant longtemps le souvenir d'un bienfait reçu, s'exagère ses obligations et croit ne s'en être jamais complètement acquittée. Elle tient peu de place au foyer, mais elle en est l'âme, la providence. A elle les offices vulgaires ! A elle les labeurs obscurs ! Pendant qu'elle vit, qu'elle est là, on la remarque à peine. Qu'elle vienne à mourir et sa perte creuse un abîme.

Heureux les parents qui ont un tel enfant ! Mais heureux aussi cet enfant. En retour de ses immolations, il ne craint ni les rivalités ni l'envie. Ceux qui l'entourent le chérissent et l'admirent en secret. Le soir, avant de s'endormir, il peut se dire avec joie : « Je n'ai pas perdu ma journée. Grâce à moi, mon père et ma mère ont goûté un peu de bonheur. » Cette joie intime, la plus vive pour une âme sensible et pure, prépare une nuit tranquille avec des rêves riants, paye déjà les sacrifices qu'elle a coûtés et présage, la récompense du ciel avec plus de sûreté que les extases dans la prière.

Jeunes lecteurs, vous n'êtes jamais exclus du repas de famille; si l'on se permet, de temps à autre, le luxe d'une fête, vous en avez toujours votre part. Ne l'oubliez pas, ceux de qui vous tenez ces bienfaits vous les achètent au prix de labeurs et de renoncements quotidiens. Chaque matin, après avoir embrassé votre crucifix, dites-vous : « Je dois beaucoup à mes parents. Comment leur témoignerai-je aujourd'hui ma gratitude? » Puis, à l'exemple du Cyrénéen, prenez un bout de la croix qui pèse sur eux. Faites vous-même la part la plus grande dans les peines ; elle n'égalera jamais celle dont vous avez été pour eux l'objet.

CHAPITRE VIII

L'ASSISTANCE DUE PAR LES ENFANTS
A LEURS PARENTS PAUVRES

> Fais pour eux comme ils
> ont fait pour toi.
> (*Livre de l'Ecclésiastique*,
> chapitre vii, verset 3o.)

LES parents ne nous donnent pas seulement la vie ; ils la conservent, la développent en nous au prix de mille soucis et souvent de grandes fatigues. Ce pain que nous mangeons, ces vêtements que nous portons, toutes les choses nécessaires à notre subsistance sont un présent de leur amour.

Si donc ils sont un jour pressés par la

pauvreté, demandons-nous à quoi nous oblige la reconnaissance. Certains enfants, ayant la facilité de les garder chez eux, ne rougissent pas de les envoyer mendier de porte en porte. Ceux-ci laissent à des hospices ou à des étrangers le soin de les nourrir. Ceux-là les abandonnent sur le grabat de la misère, dans les horreurs de la faim et du froid. C'est une honte pour l'humanité. D'après le Code, nous devons à nos parents la nourriture, les vêtements et le logement. Selon la loi infaillible de Dieu, les biens sans nombre dont ils nous pourvoient sont la mesure et la règle de notre assistance à leur égard. *Fais pour eux comme ils ont fait pour toi*, nous dit l'Esprit Saint.

Par les soins dont ils vous ont entourés, vous avez contracté auprès d'eux une dette que vous ne pourrez jamais complètement

éteindre. C'est de toute évidence. Mais vous
avez des moyens d'adoucir ou de diminuer
leur pauvreté, même pendant le jeune âge :
n'occasionnez point de dépenses inutiles;
ménagez vos livres et vos habits; travaillez,
suivant vos forces, dans les détails du ménage. Il y a là tant d'ouvrage à votre por-
tée! Fait par vous, cet ouvrage devient un
véritable gain pour vos parents, en leur
permettant d'allonger leur journée de travail.

Etiennette est à peine âgée de neuf ans.
Voyez cependant les services qu'elle rend.
Sa mère, une tisseuse, l'entretien du linge
de sa maison lui prenant trop de temps, ne
finissait jamais ses pièces au moment voulu
et ses retards étaient toujours punis d'une
amende. Une fois qu'elle s'en plaignait, sa
chère petite fille lui dit : « Mère, consolez-
vous; je vous le promets, bientôt je vous

aiderai. » Depuis lors, à l'école, elle s'est
montrée plus attentive aux leçons de travail manuel. A présent, ourler, surjeter,
tricoter des bas et des chaussettes, repriser
les blouses et les gilets, elle emploie tous
les moyens de soulager sa mère, et celle-ci,
s'accupant davantage à son métier, rapporte
toujours un peu plus d'argent de la Fa-
brique.

Son frère Charles n'est resté que huit
ans à la maison : il a été placé ensuite,
comme domestique, dans une ferme des
Dombes; mais sa reconnaissance n'en est
pas moindre. Jusqu'à son tirage au sort, à
chaque retour de la Saint-Martin, il a remis
son gage à son père, lui disant : « Père, ne
me remerciez pas. Si quelques modestes
écus sont la récompense de mes peines, ne
sont-ils pas auparavant le fruit de vos labeurs? N'est-ce pas vous qui m'avez élevé? »

Aujourd'hui, il est soldat et fait l'admiration de son régiment. Avec une paye d'un sou par jour, il n'est pas facile de beaucoup économiser : tout le monde le comprend. Eh bien, lui, depuis vingt-quatre mois qu'il est sous les drapeaux, voilà cent soixante francs qu'il envoie à sa famille. Aussi généreux fils que robuste soldat, il ne va pas dans ces lieux suspects où on laisse son argent et souvent sa vertu ; il se refuse tout plaisir coûteux, même la pipe, suprême consolation du troupier ; il monte des gardes pour ses camarades ; le jour, il fait des corvées pour eux ; la nuit, il raccommode leurs guêtres et leurs pantalons. Ce sont là les industries par le moyen desquelles il subvient aux besoins de ses parents. — Pourquoi ne te voit-on jamais au café? lui demandait un de ses amis. — Je n'aime pas le café. — N'aimes-tu pas le vin? — J'aime

5

mieux mon père et ma mère. Ils sont pauvres. Tant que je vivrai, ce sera une joie pour moi de les secourir.

Ces sentiments sont d'autant plus dignes d'éloges qu'ils sont plus rares. Il y a pourtant des circonstances où il faut pousser plus loin le dévouement. Vos parents ont éprouvé des pertes, des injustices, ils sont poursuivis par des créanciers intraitables et menaçants : oh! ils sont bien malheureux; empressez-vous de leur tendre la main et sauvez-les coûte que coûte. Ils ont subi l'humiliation d'une saisie, ils ont vu leurs meubles vendus sur la place publique : ils sont plus dignes encore de commisération; vengez leur honneur, en payant ce qu'ils doivent, dussiez-vous y travailler le reste de votre vie.

Les maîtres d'école vous ont souvent parlé de Michel Renaud, n'est-ce pas? C'est en effet un modèle à citer. Voyant son père ruiné et mourant insolvable, endetté de plus de cent mille francs, ce pieux jeune homme lui jura, sur son lit de douleur, de réhabiliter le nom qu'il lui laissait pour unique héritage. Dans la suite, il s'y consacra avec une infatigable activité, si bien qu'il parvint à rembourser toutes les obligations, et qu'un beau matin on put lire dans les journaux judiciaires : « La cour de Paris vient de réhabiliter feu Jean-François Renaud, failli. »

Tout le monde applaudit à la générosité de ce fils. Mais ce fils était un homme. N'y a-t-il pas mieux ? Quel front oserait ne pas se courber devant cette pauvre enfant muette qui tout à coup retrouve la parole pour sauver sa mère sur le point d'être massacrée par des assassins ? ou devant Mademoiselle de Sombreuil, qui s'expose à être

guillotinée pour racheter la vie de son père?
ou devant Prascovie Lopouloff, cette sainte
héroïne de quinze ans, qui, du fond de la
Sibérie, à travers les forêts, les déserts, les
fleuves et les neiges, part seule, sans autre
soutien que sa foi, sans autre espérance
que la pitié des hommes, et arrive à Saint-
Pétersbourg pour solliciter la grâce de son
père injustement déporté, puis repart vers
le nord, ses lettres de rappel à la main, et
s'en retourne au ciel quand il est lui-même
sorti de la terre d'exil.

Jeunes lecteurs, ces exemples vous en-
seignent qu'on doit affronter tout danger et
ne reculer devant aucun sacrifice, quand il
s'agit de la vie ou de l'honneur de ses parents. Les vôtres sont aujourd'hui dans les
besoins de la pauvreté, assistez-les par tous
les moyens à la disposition de l'enfance.
Plus tard, lorsque vous aurez grandi, qu'ils

s'inclineront vers la terre, si leurs membres se refusent à tout service, alors vous les prendrez tout à fait à votre charge. Cette conduite aura plus de valeur que toutes les protestations de tendresse; selon le mot d'un penseur, la bouche dit qu'on aime, mais c'est la main qui le prouve.

CHAPITRE IX

L'ASSISTANCE DUE PAR LES ENFANTS A LEURS PARENTS
VIEILLARDS, INFIRMES OU MALADES

> Fais pour eux comme ils
> ont fait pour toi.
> (*Livre de l'Ecclésiastique,*
> chapitre VII, verset 30.)

DANS les premières années de notre existence, nous sommes les protégés, et nos parents sont les protecteurs : l'amour alors doit descendre. Mais la vieillesse est un retour vers l'enfance, car elle est un retour vers la faiblesse. Selon l'ordre de la nature, les rôles changent à mesure que nous avançons en âge : de protecteurs les parents deviennent pro-

tégés, et l'amour qui est descendu doit remonter.

Voilà la loi. Où sont ceux qui l'obser-
vent? Dans notre siècle d'égoïsme, quand
un père a travaillé cinquante ans de sa vie
pour élever sa famille, que les forces en lui
sont épuisées, qu'il n'apporte plus un sa-
laire à la maison, on le considère souvent
comme un embarras, on le relègue dans un
coin et on le laisse dans le plus complet
isolement, sans cesse en présence de lui-
même. Que dis-je? on se plaint, on mur-
mure pour quelques services qu'on lui rend;
de cette sorte, on lui fait sentir qu'on se
lasse en sa société et qu'il vit trop longtemps. Pauvre vieillard! Est-ce là le fruit
de ses labeurs? Est-ce là ce qu'il espérait
en retour de ses privations et de ses souffrances? Mieux vaudrait lui arracher le dernier soupir et le pousser au plus vite dans

la tombe. Au moins il ne serait plus témoin d'une si monstrueuse ingratitude.

Ne présentez jamais le spectacle d'un pareil scandale, mes enfants. Les coups les plus sensibles nous viennent des personnes que nous aimons le plus. Votre père est vieux; il devient fatigant par ses manies; vous le respectez encore, mais il vous est un fardeau pénible, surtout devant les étrangers. Ah! prenez garde à vos paroles, à vos impatiences : vous pourriez lui déchirer le cœur. Rappelez-vous la bonté avec laquelle il a supporté vos caprices d'enfant. Il s'en souvient et vos procédés d'aujourd'hui sont bien propres à l'attrister. Pour se distraire dans ses peines, il n'a pas le travail : il y est impuissant. Il n'a pas non plus l'espoir d'un changement favorable : l'avenir lui paraît plus sombre encore que le présent. Il ne peut espérer qu'une consolation, celle

5.

de mourir bientôt, et, pour son malheur, cette consolation, loin de la désirer, il en a peur.

Lorsque vos parents sont courbés sous le poids des ans, plaignez-les, si la souffrance les aigrit; admirez-les, s'ils se résignent assez pour rester aimables; selon le précepte de l'Ecriture, témoignez-leur de votre bon cœur par des services analogues à ceux qu'ils vous ont faits. Les forces les abandonnent, rendez-leur celles que vous tenez d'eux. Ils ont des infirmités, assistez-les comme ils vous assistèrent dans vos faiblesses. N'avez-vous jamais entendu parler d'Antigone, ce modèle de piété filiale? Œdipe, son père, aveugle, banni, était obligé, pour échapper à la persécution et à la mort, de se soustraire aux regards des hommes et de vivre caché dans la profondeur des forêts. Quelle fut à son égard la

conduite de sa fille? S'attachant fidèlement
à ses pas, Antigone le guidait le long des
chemins, le faisait asseoir à l'ombre et cher-
chait ensuite, pour la lui apporter, la nourriture dont il avait besoin. C'est là un ma·
gnifique exemple. Eh bien, inspirez-vous·en.
Oui, ayez pour vos parents vieux et infirmes mille attentions délicates et dévouées.
Désirent-ils une lecture défendue pour leurs
yeux fatigués, asseyez-vous près d'eux, lisez
le livre ou le journal patriotique et chrétien.
Aiment-ils à causer du temps passé, inté-
ressez-vous à leurs longs récits. Ont - ils
cette curiosité bien innocente et si ordinaire
à leur âge, qui n'est pas fachée d'apprendre
les nouvelles du pays, racontez-les-leur,
surtout celles relatives à l'école et à l'église.
Rien d'aimable comme cette fillette qui tient
compagnie à son grand·père, en s'efforçant
de ramener le sourire sur ses lèvres et la

joie dans son âme. Rien d'édifiant comme ce petit garçon qui promène sa grand'mère, en dirigeant ses pas chancelants et en lui prêtant l'appui de son épaule.

La maladie pourrait se définir la douleur jointe la faiblesse et à l'ennui. Si elle atteint vos parents, votre devoir est de ne pas calculer avec la peine de les assister. Leur laisser soupçonner qu'ils sont à charge, composer avec les dépenses d'un médecin, écouter les froides supputations de l'intérêt afin de ne point acheter un remède capable de guérir, tout cela serait d'une cupidité sordide et cruelle.

Pour vous porter aux sacrifices exigés par les circonstances, dites-vous : « Agirais-je ainsi envers mon père et ma mère, si demain matin je devais les trouver morts dans leur lit? » Cette pensée, ravivant l'affection de votre cœur, vous disposera à la générosité. Personne alors ne saura comme vous soigner vos malades, toucher ce corps endolori, calmer cette âme en fièvre, tout prévoir, tout deviner. Vous consolerez par le dévouement dont vous donnerez la preuve ; vous encouragerez par vos paroles pleines de douceur; vous édifierez par votre piété tendre et naïve. Moyennant ces choses souvent plus bienfaisantes que tous les trésors de la plus riche pharmacie, vous opérerez peut-être des miracles. Témoin le trait suivant :

Léon avait sept ans et la petite Alice en avait cinq. Leur père était malade et ces bons petits enfants en étaient bien tristes.

La mère ne quittait pas un instant le chevet du malade ; elle était accablée de fatigue et de chagrin.

— Pourquoi maman est-elle si maigre et si pâle? dit la petite Alice à son frère.

—C'est, répond Léon, parce que maman ne dort plus, parce qu'elle veille toutes les nuits auprès de notre pauvre père. Si nous demandions de la remplacer !

Mais la bonne femme, ayant plus de courage que de force, n'y consentit pas. A la fin, cependant, épuisée et souffrante, elle fut obligée de se reposer chaque jour quelques heures.

Alors ses enfants se firent gardes-malade. Il fallait les voir se parler par signes et marcher sans bruit sur la pointe des pieds !

Toutes les fois que leur père faisait le moindre mouvement, ils tâchaient de deviner sa pensée, de prévenir ses désirs.

Ils lui versaient à boire et lui rendaient une foule de petits services. Comme ce bon père devait se sentir soulagé en recevant des soins si tendres !

Le matin et le soir, Léon et Alice disaient

leur prière avec une ferveur touchante :
« Mon Dieu, disaient-ils, rendez la santé
à notre bon père. »

Le père les entendait. Confus et ravi de
tant d'amour, il se sentait envahi par mille
sentiments de foi et disait aussi : « Mon
Dieu, guérissez-moi, ne fût-ce que pour
faire plaisir à mes anges qui sont les vôtres. »

Dieu ne put résister à ces prières. Aujourd'hui, le cher malade, dont la science
avait désespéré, vit heureux avec ses enfants. Une sollicitude salariée aurait-elle
ainsi éloigné la mort? Ne permettez jamais
qu'un étranger vous ravisse le bonheur
d'assister vos parents visités par la maladie.
Votre place est là, toujours là, près de leur
lit de souffrance. Pour eux, rien ne vaut
un fils ou une fille au cœur aimant.

CHAPITRE X

L'APOSTOLAT QUE DOIVENT EXERCER LES ENFANTS AUPRÈS DE LEURS PARENTS PÉCHEURS.

> Fais l'œuvre d'un évangé-
> liste.
> (*Deuxième épître de saint
> Paul à Timothée*, chap. II,
> verset 15.)

L'ENFANT ne doit pas se borner à secourir ses parents, quand ils sont pauvres, vieux, infirmes ou malades ; il est encore obligé de les assister dans leurs besoins spirituels. C'est un devoir sacré qui prime toutes les autres œuvres de miséricorde ; car l'âme créée à l'image de Dieu, est immortelle, tandis que le corps n'est que poussière. Si donc vous avez la douleur de voir votre père ou votre mère dans l'ignorance de la religion ou dans l'oubli de ses lois saintes, demandez-vous par quels moyens vous les convertirez.

Mettez d'abord en œuvre la douceur et la bonté. Nous valons surtout par le cœur, mes enfants. C'est le cœur qui le plus souvent nous conduit et nous fait agir bien ou mal. Emparez-vous du cœur d'un homme, vous en disposerez comme vous voudrez. Mais comment gagner un cœur ? Il ne lui appartient pas de comprendre les raisonnements; il s'irrite des reproches et des menaces; l'orgueil le pousse à résister aux conseils et aux ordres. Votre père s'est heurté aux aspérités de la vie : pour adoucir et guérir ses blessures, le baume lui est nécessaire. On ne voit plus paraître en lui que les mauvaises passions : pour qu'il les refoule au fond de son âme comme un

limon, et qu'il fasse remonter ses belles
qualités à la surface, il lui faut les effusions
sensibles d'un enfant rempli d'affection.
L'affection expansive plaît sans le savoir;
elle touche sans parler ; elle domine tout ce
qui l'entoure. Le général Frossard, tout
général qu'il était, disait de sa fille Marie-
Louise : « Cette petite fée, on ne peut
s'en défendre ; par sa tendresse, elle con-
vertirait Jupiter ! Elle veut que je com-
munie avec elle ! Je communierai... mais
dans quelques jours ; en ce moment, je
craindrais de le faire plus pour elle que
pour Dieu. »

Tel et plus grand encore sera votre empire, si le bonheur de l'âme pure rayonne
en vous. Etudiez ici la conduite des mon-
dains. Au milieu même de leurs félicités
mensongères, ne regardent-ils pas la piété
avec des yeux d'envie ? N'opposent-ils pas

la paix de sa conscience aux troubles cruels qui les déchirent ; les douceurs qu'elle goûte dans la vertu aux cuisantes amertumes qu'ils éprouvent dans la vie ? Le calme habituel de la dévotion, son inaltérable sérénité, ce je ne sais quoi d'heureux qui se répand sur ses traits, les ravit, leur arrache des soupirs involontaires et les force parfois à renoncer aux faux plaisirs du monde pour jouir des consolations de la foi. L'expérience le montre. Nous avons connu un impie dont la vie, bien différente de celle du chrétien, se passait dans les festins, les bals et les amusements. Un jour, la nécessité l'y obligeant, il assista à une messe de première communion. Or, il en fut très vivement impressionné. En considérant ces enfants pleins de fraîcheur et d'innocence, il se dit dans une profonde tristesse : « Quelle différence entre leur

sort et le mien! Les délices de l'Eucha-
ristie, le repos du cœur me seront-ils à
jamais interdits ? Serai-je toujours l'esclave
du démon ? Non, mon Dieu. Vous seul avez
de quoi répondre à mes aspirations : je re-
viens à vous. » Et ce disant, il alla se confesser. C'est ainsi que vous exercerez une
puissante action de salut sur vos parents,
en leur donnant en vous le spectacle de
la vertu et de ses joies.

Que sera-ce, si vous y joignez le dévouement dont le chrétien aidé de la grâce est
seul capable ? Le païen vous l'apprend. Il
tient à ses idoles par les fibres les plus in-
times du cœur, personne ne l'ignore. A
quelle action cède-t-il, lorsqu'il les sacrifie
au Dieu de la Croix ? Il adresse maintes
questions au missionnaire. Pourquoi as-tu
quitté ton pays ? lui demande-t-il. Est-ce
qu'il n'est pas beau ? T'en es-tu éloigné sans

peine ? — Oh ! répond le missionnaire, il
en coûte toujours beaucoup de quitter sa
patrie, surtout quand cette patrie s'appelle
la France, car c'est le plus beau, le plus
riche pays du monde. Cependant les regrets que j'ai ressentis ne sont rien en
comparaison du bonheur que je trouve à
venir ici pour toi, pour te sauver. — Eh !
reprend le sauvage, as-tu encore ton père,
ta mère, des frères, des sœurs? — Oui,
j'ai encore mon vieux père et je l'ai vu
pleurer à mon départ pour la première
fois de sa vie. J'ai encore ma mère. Ah ! la
pauvre mère, elle ne se consolera jamais
de m'avoir perdu... Je ne la reverrai plus
sur la terre. Je m'en suis séparé pour toi,
pour te sauver.

Après cet entretien, le païen s'en va,
réfléchit à ces renoncements ; il voit dans
ces héroïsmes surhumains une preuve de

la divinité du christianisme, et à cause de
cela revient de lui-même demander au ministre du Seigneur de l'instruire et de le
baptiser. Eh bien! le motif de sa conversion vous enseigne de quelle manière votre
dévouement agira sur votre père et votre
mère. Quand, sans leur prêcher la religion,
vous la montrerez dans la générosité dont
elle est l'inspiratrice, quand ils verront
briller l'image du ciel dans la maison, que
cent fois le jour ils seront obligés de se
dire : « Non, notre enfant n'est pas ainsi
par lui-même, quelque chose de divin
l'anime et le soutient, » alors ils se rendront
à vos pieux désirs, non plus seulement en
vue de vous être agréables ou de goûter les
joies d'une conscience pure, mais afin de
remplir un devoir imposé par la conviction.

Cependant, il y a un dernier mot qu'il est
utile d'ajouter : tous vos efforts seraient

illusoires, si la prière ne venait les féconder.
Paul plante, Apollon arrose, dit l'Apôtre,
mais c'est Dieu qui donne l'accroissement.
Voulez-vous ne pas travailler en pure perte
à convertir vos parents, recourez à Dieu. Il
ne refuse rien aux enfants; leur âme, par-
fumée d'innocence, laisse échapper des
vœux qui pénètrent le ciel. Dernièrement,
une fillette, un ange de candeur, entreprit
de changer son père qui avait l'habitude de
s'enivrer, de blasphémer et de battre sa
femme. Un soir qu'il rentrait furieux du
café, elle tomba à genoux sous ses yeux et
récita à haute voix le *Pater* et l'*Ave*. « Marguerite, lui dit-il, que signifie cela ? — Mon
papa, répond gracieusement la chère enfant,
en essuyant quelques larmes, je demande
pardon au bon Dieu des péchés que vous
commettez en vous enivrant et en maltrai-
tant maman. Que deviendrions-nous s'il

vous punissait et vous enlevait à notre amour? » Puis elle récita encore et de tout cœur le *Pater* et l'*Ave*. Or, qui le croirait? à ce moment-là même, cet homme abruti est touché de la grâce. Pressant tendrement sa fille dans ses bras : « Ma bonne petite Marguerite, lui dit-il, tes prières m'ont converti. » Aujourd'hui il vit en parfait chrétien.

Voilà pourtant ce qu'a obtenu une enfant de neuf ans. Qui vous empêche de solliciter et d'obtenir la même faveur? Le bras de Dieu ne s'est pas raccourci ; il peut à présent ce qu'il faisait hier. Priez donc, priez encore. Vos parents ne sont pas si loin que vous pensez de la pratique religieuse, et il en faut souvent bien peu pour les ramener à Dieu. Priez ! En échange de la vie temporelle qu'ils vous ont donnée, vous leur procurerez la vie éternelle.

6

CHAPITRE XI

L'APOSTOLAT QUE DOIVENT EXERCER LES ENFANTS
AUPRÈS DE LEURS PARENTS MOURANTS

> Fais l'œuvre d'un évangéliste.
>
> (*Deuxième épitre de saint Paul à Timothée*, chapitre II, verset 15.)

L'IMPIÉTÉ, qui les environne trop souvent, n'est pas le seul obstacle au salut des mourants; la négligence des enfants produit aussi le même mal. Les uns n'avertissent pas le prêtre de la maladie de leurs parents; d'autres le préviennent si tard qu'il ne peut plus remplir utilement son ministère; ceux qui le font venir assez tôt ne l'aident pas toujours comme il faudrait dans son apostolat. Ici encore quelles obligations avez-vous à remplir ?

Nous regardons comme un devoir d'assister le malheureux qui a faim; nous volons au secours d'un inconnu que nous voyons en danger de périr; nulle souffrance ne nous laisse insensibles. Il ne vous est pas permis d'abandonner votre père et votre mère au passage si terrible du temps à l'éternité. Ne leur point accorder l'assistance de la religion, alors qu'il s'agit de les sauver des flammes de l'enfer et de leur procurer les joies du ciel, serait la marque de mauvais sentiments.

Dans une famille unie par les doux liens de l'affection, la mort est la grande épreuve; elle est la cause de la plus douloureuse séparation. A la seule pensée qu'elle peut à toute heure nous frapper et nous disperser, nos âmes se déchirent. Et pourtant l'union n'est rompue par elle que pour un moment. Que sera-ce si, par notre faute, nous sommes pour toujours séparés des êtres les plus chers à notre cœur? A quels tristes et perpétuels regrets ne serons-nous pas condamnés? Ah! écoutez ce que réclament de vous la pitié et le véritable amour filial. Quand vos parents sont atteints d'une maladie grave, ne vous contentez pas de soigner leur corps; songez que leur âme se trouve peut-être en état de péché, et mettez tout en œuvre, afin de les préparer à paraître devant le souverain Juge.

D'abord, priez pour eux le Père des miséricordes, la sainte Vierge Marie, saint Joseph, le patron de la bonne mort. Puis, entretenez-les avec prudence de Dieu, de l'âme, de la vertu des sacrements, autant de sujets propres à leur inspirer de salu-

6.

taires désirs. Ensuite, empressez-vous d'appeler le confesseur pour qu'il les réconcilie au plus vite et les aide à sanctifier la souffrance. Quel dommage pour eux, s'ils en perdaient le mérite! Quelle responsabilité pour vous, si vous ne leur ameniez un prêtre qu'au moment où ils ne peuvent plus profiter de son secours, par défaut de parole ou de connaissance!

Ne dites pas : Je crains de les effrayer. — C'est là une excuse qui ne sera jamais suffisante. En règle générale, loin d'être épouvantés, comme on le prétend, les malades aiment à voir le ministre du *bon* Dieu. Ils savent qu'il vient en vue, non de les aigrir ou de les fatiguer, mais de les encourager et de les consoler. Ils savent aussi que leur état même corporel peut s'améliorer sous l'influence des sacrements et des exhortations pieuses. De son côté, le prêtre n'ignore

pas ce qu'il doit dire ou taire pour ména-
ger la faiblesse humaine. Il convient d'autant mieux de s'en rapporter à sa sagesse,
qu'il reçoit des grâces spéciales dans l'exer-
cice de ses délicates fonctions. Et puis,
quand bien même, malgré toutes les pré-
cautions, sa visite devrait produire un
trouble passager, ce ne serait pas une raison de compromettre leur salut éternel.
Bannissons donc ces ménagements d'un
amour trop cruel, et plaise à Dieu que tous
les nôtres achètent le ciel au prix de quelques minutes de peines!

Vous me direz peut-être : A quoi bon
parler de la vie future à mes parents? Ils
ont toujours refusé d'y croire. Pourquoi
leur proposer de se confesser? Ils ont le
prêtre en horreur et ne consentiront jamais
à le recevoir. — Toutes ces objections sont
vaines. Pendant que l'homme est en pleine

santé, que tout lui réussit, qu'il ne manque
de rien, il lui est peut-être facile de se passer de la foi et de ses espérances. Mais viennent les revers, la maladie, une maladie
lente et sérieuse, il voit les choses autrement et n'a plus les mêmes pensées; la
crainte de la mort agit sur lui; il recon-
naît sa folie. Dieu aidant, il s'inquiète; son
cœur s'émeut; déjà même il acquiesce in-
térieurement aux appels d'en haut. Que lui
faudrait-il pour faire une vraie conversion?
Le trait suivant vous l'apprendra.

Un ouvrier maçon s'en allait mourant
d'une maladie de poitrine. Comme il n'en-
trait jamais à l'église, que toute sa vie il
avait affiché la haine pour le clergé, personne dans son entourage n'osait lui sug-
gérer l'idée de recevoir les derniers sacrements; cela ne servirait, croyait-on, qu'à
provoquer de sa part des impiétés et des

blasphèmes. Cependant, une petite fille de onze ans, un modèle de piété, qui jusque-là n'avait rien pu sur lui, tenta un suprême effort. Glissant adroitement sous son oreiller une médaille de la sainte Vierge et profitant d'un moment où elle était seule avec lui : « Papa, lui dit-elle avec une voix pleine de tendresse, je suis bien malheureuse de te voir ainsi souffrir. Et si tu mourais sans te réconcilier avec Dieu, où irais-tu?... Je ne te reverrais donc plus! Oh! je t'en prie, je t'en conjure, consens à recevoir le prêtre; sa visite ne fait pas mourir; il apporte, au contraire, avec lui des bénédictions. Confesse-toi. Notre-Seigneur t'accordera son pardon. Après cela, cher papa, je serai soulagée, en pensant que je pourrai te retrouver dans le ciel. » Et, achevant ces mots, l'enfant se met à pleurer. Que répond alors son père? Touché, n'y tenant plus ;

« Oui, oui, lui dit-il, appelle M. le Curé. »

Il se confesse. Il reçoit le Viatique et l'Extrême-Onction avec ferveur, sa fille l'y ayant de son mieux préparé. Et avant d'expirer, embrassant cette enfant devenue son sauveur : « Ma bonne Eugénie, lui dit-il avec effusion, sans toi, qu'allais-je devenir après ma mort? Merci, ma petite, merci ! »

C'est ainsi que, à la faveur de la maladie, les parents peuvent être ramenés à Dieu et conduits au ciel. Ont-ils reçu les derniers sacrements, encouragez-les, mais sans les lasser, par de courtes paroles et de petites lectures; fortifiez-les dans la foi, l'espérance, l'amour, le repentir, la confiance. Quand arrive l'agonie, mettez-leur en main le cierge bénit, symbole de leur espérance; agenouillez-vous près d'eux et récitez les prières de la recommandation de l'âme.

Le souvenir de ces devoirs accomplis embaumera le reste de vos jours. Il vous consolera surtout à votre dernière heure. « Seigneur, direz-vous alors, Seigneur, rappelez-vous que je n'ai point abandonné mes parents au moment suprême qui séparait pour eux le temps de l'éternité. A mon tour, je vais mourir. Ayez pitié de moi ! »

CHAPITRE XII

LES DEVOIRS QUE LES ENFANTS ONT A REMPLIR
ENVERS LEURS PARENTS DÉFUNTS

> Souvenez - vous de vos morts.
>
> (*Epitre de saint Paul aux Hébreux,* chapitre xiii, verset 3.)

L E deuil n'est peut-être jamais entré dans votre famille : la santé corporelle et les affections mutuelles des cœurs y règnent ensemble. Que vous êtes heureux ! Nous voudrions pouvoir vous dire que ce bonheur durera toujours. Mais, hélas ! tout passe sous le soleil, même les jouissances les plus douces

7

et les plus légitimes. Vos parents vieillissent, à mesure que vous grandissez. Si vous ne les précédez vous-mêmes dans la tombe, vous serez tôt ou tard obligés de pleurer sur leur mort.

Certains enfants éclatent alors en lamentations et fuient épouvantés de la chambre du défunt; d'autres songent seulement aux affaires d'intérêt; beaucoup ne s'occupent que de l'enterrement, comme si déjà ce corps les gênait.

Ne les imitez pas. Pensez à l'état de l'âme qui vient de retourner à Dieu et au besoin qu'elle a de secours. A ce moment-là même, elle subit un jugement qui doit fixer son sort éternel. S'il est possible, protégez-la contre les rigueurs de la justice divine : récitez à son intention les prières pour les morts, implorez la clémence du ciel, demandez grâce.

En témoignage de sa foi, il faut allumer le cierge de la chandeleur et préparer l'eau bénite dont les visiteurs aspergeront sa dépouille mortelle. Il est urgent de revêtir celle-ci d'une manière décente. Fermez-lui les yeux et la bouche ; exposez-la sur un lit couvert de draperies blanches avec un crucifix entre ses mains jointes sur la poitrine. Ces œuvres de miséricorde sont des plus recommandées par l'Eglise. Il y aurait inconvenance à vous en remettre à des personnes gagées, routinières et sans modestie. Vous gagnerez d'ailleurs de grands mérites à les accomplir de vos propres mains.

Les amis et les voisins s'entendent afin de ne pas laisser le défunt seul et sans prière, ni le jour ni la nuit. Les plus proches parents avertissent M. le curé et le prient d'accorder une sépulture honorable. Vous accompagnez tous le corps à l'église et au cimetière. Personne ne laisse éclater bruyamment sa douleur ou ne s'écarte de sa place dans le convoi. Une cérémonie funèbre ainsi faite, dans l'ordre et le recueillement, est on ne peut plus solennelle et touchante.

La fosse une fois comblée, toutes vos obligations ne sont pas remplies. Votre cher trépassé doit reposer à l'ombre de la croix et l'inscription de cette croix doit attester de ses sentiments religieux. Négliger sa tombe serait indigne d'un bon fils. Aimez à la visiter; portez-y des fleurs, des gazons de verdure; entretenez-la dans une propreté presque recherchée. Si vous en bannissez tout symbole rappelant le paganisme, vous ne montrerez jamais trop de respect pour le corps d'un chrétien.

L'âme, dont il a été le sanctuaire, lui est de beaucoup supérieure; régénérée par le sang de Jésus-Christ, elle rivalise de beauté

avec les anges eux-mêmes. C'est elle qui
mérite votre grande sollicitude. Demandez-
vous quelle sentence le souverain Juge a
prononcée sur elle. Le prêtre a-t-il entendu
sa confession, a-t-il pu lui dire au nom de
Dieu : *je vous absous; allez en paix,* vous
êtes fondés à espérer qu'elle n'est point devenue la proie du démon. Mais pour entrer
dans le Ciel, la cité des saints, il faut n'être
souillé d'aucune tache et n'avoir pas la
moindre faute à expier. N'est-elle pas tombée
dans les flammes du Purgatoire? S'il en est
ainsi, par la pensée, voyez cette bonne mère,
qui vous a bercés dans ses bras affectueux,
tendant vers vous des mains suppliantes.
Entendez ce père vénérable et bon, dont
vous possédez les biens, poussant des cris
déchirants de douleur. Ayez pitié d'eux,
secourez-les. Pour assurer votre bonheur
en ce monde et en l'autre, ils n'ont reculé

devant aucun dévouement. A présent, sou-
lagez leurs souffrances, hâtez leur délivrance. Les délaisser serait le comble de
l'ingratitude.

Pendant qu'ils habitaient avec vous, cap-
tifs dans leur enveloppe mortelle, vous les
froissiez et les contristiez peut-être sans re-
mords. Mais, en face de leur cercueil, vos
torts ont repris une actualité palpitante.
Que n'auriez-vous pas donné alors pour
une heure vous permettant de les réparer?
Aujourd'hui encore, quelle ne serait pas
votre joie, si ce père, cette mère vous ap-
paraissait avec ses traits si bien gravés dans
votre mémoire et vous disait : « Mon fils,
ma fille, regarde-moi : je t'aime plus que
jamais. Aux jours de mon pèlerinage sur la
terre, tu as usé de procédés coupables à
mon égard ; mais je te pardonne tout, si tu
veux seulement prier, t'imposer quelques

sacrifices et dire au prêtre d'offrir la Victime adorable pour moi ; ce sont là autant de moyens d'adoucir et d'abréger mes tourments ! » A ces paroles, vous vous écrieriez, ravis : « Merci, mon Dieu, merci de ce que je puis racheter mes ingratitudes et mes méchancetés passées ! » Eh bien, ce qui vous semble un rêve est une consolante vérité.

La prière pour les morts est comme une supplication par laquelle on demanderait à un père d'user de miséricorde pour un fils qui l'aurait offensé. Elle est puissante sur le cœur de Dieu, et en fait jaillir des flots d'indulgence sur ceux de ses enfants qui sont encore au Purgatoire.

Le sacrifice d'une passion mauvaise ou même d'un plaisir permis expie les sensualités dont ces enfants ont pu se rendre coupables. Dieu est heureux de l'agréer ; car il aime ces pauvres âmes détenues dans les flammes purificatrices; il ne les punit qu'à regret et ne peut que chérir ceux qui affranchissent son amour pour elles, en apaisant sa justice.

A la sainte messe, il ne sait rien refuser; la grâce lui est demandée en échange de son divin Fils immolé sur l'autel : « Père saint et éternel, lui dit un jour, au moment de la consécration, un prêtre priant pour un ami dont il connaissait le triste sort, vous tenez l'âme de mon ami en Purgatoire. Moi, je tiens le corps de votre Fils dans mes mains : délivrez cette âme et je vous offre votre Fils avec tous les mérites de sa Passion et de sa mort. » Et au même instant, il vit l'âme de son ami monter radieuse dans les gloires du Paradis.

Ne dites pas : Pourquoi songer à nos morts? Ils n'ont pas reçu l'absolution; nous avons tout lieu de les croire damnés. — L'Eglise ne damne personne. Elle fait bien des décrets pour affirmer que les âmes des saints sont au Ciel; mais elle n'en fait aucun pour affirmer qu'une âme est à jamais perdue. Connaissez-vous mieux qu'elle les limites de la bonté divine? Ne savez-vous pas que certaines vertus humaines peuvent être récompensées par une grâce efficace et suprême? Le sang du Rédempteur a été versé pour tous les hommes; l'ange gardien est toujours là prêt à sauver son protégé; dans les morts il y a souvent des mystères cachés de miséricorde où nous ne voyons que des coups de justice : ignorez-vous tout cela? A la lueur d'un dernier éclair, Dieu a pu se révéler à vos chers moribonds dont le plus grand malheur a été l'ignorance; le dernier battement de leur cœur a pu être un acte de repentir, qui, en appelant le par-

7.

don, les a sauvés de l'Enfer. A vous maintenant de rendre leur expiation complète
et de hâter leur délivrance. Priez, morti-
fiez-vous, faites le bien. Ils ne sont pas in-
grats; ils vous obtiendront les joies célestes
que vous leur aurez procurées; à chaque
instant, ils diront à Dieu : « Nous devons
à cet enfant de vous avoir vu plus tôt. Dé-
fendez-le contre Satan! Soyez son salut! »

CHAPITRE XIII

LES FRÈRES DOIVENT S'AIMER MUTUELLEMENT
ET VIVRE DANS UNE ÉTROITE UNION

> Attachons-nous aux choses
> qui font la paix.
>
> (*Epître de saint Paul aux
> Romains*, chapitre XIV, ver-
> set 19.)

Voici sous la ramée un nid de fau-
vettes : plusieurs petits, éclos
d'hier, sont là ne sachant pas
seulement s'il y a des arbres, des insectes,
de la lumière. Ils ne sont point égoïstes, ne
se repoussent pas, ne cherchent pas à se
nuire, à se jeter à terre. L'amour et le be-

soin les rapprochent ; presque nus et trem-
blants, ils se réchauffent ensemble et se
serrent si bien les uns contre les autres
qu'on distingue à peine leurs grosses têtes
et leurs yeux noirs. C'est l'image de la
bonne fraternité.

Si Dieu vous a donné des frères et des
sœurs, remerciez-le d'un tel bienfait et
plaignez les fils uniques : le foyer n'est vivant, n'a tout son charme que quand il est
peuplé par de nombreux enfants. Vous
avez souvent entendu dire que les amis sont
des trésors, n'est-ce pas ? Je vous souhaite
d'en trouver un : vous serez sûrement en-
couragés au bien et soutenus au moment
de l'épreuve. Cependant nuls liens ne va-
-lent ceux du sang. Nulle amitié n'est plus
durable et plus consolante qu'entre les enfants qui ont puisé la vie dans le même sein
et qui ont été bercés sur les mêmes genoux.

Une sœur aimante, pour un frère, c'est la grâce, la tendresse, la joie, sans la tentation. Pour une sœur, un bon frère est un confident naturel, un guide intelligent, un protecteur presque toujours admiré comme un grand homme.

On demandait à Caton d'Utique, encore enfant, quel était son meilleur ami au monde. « C'est mon frère, répondit-il. — Eh bien, quel est celui qui tient le second rang dans votre cœur? — C'est mon frère. — Et le troisième? — C'est encore mon frère. » Et il ne cessa de faire cette réponse que quand on eut cessé de le questionner.

Aimez-vous ainsi entre frères, c'est une condition essentielle du bonheur. La famille qui ne la remplit pas, n'est plus une famille dans la pure et sainte acception du mot : c'est plutôt un enfer anticipé. Par contre, celle où les cœurs battent à l'unisson, donne l'idée du paradis sur la terre : tous les membres ont en vue l'avantage de tous ; leurs joies sont ainsi doublées, et les tristesses, quand elles viennent les visiter, se dissipent aux rayons de leur amour mutuel comme les gelées d'automne fondent, le matin, au lever du soleil. Rien de plus doux.

Rien aussi de plus précieux que la concorde et l'union. Les sentiers d'ici-bas sont rudes et difficiles. Pour n'y point trébucher, il est indispensable de s'appuyer les uns sur les autres. Ce qui est isolé est ordinairement faible, impuissant. Un petit fil de fer, par exemple, ne pourrait point par lui-même supporter un poids considérable. Joignez-le à d'autres ; faites, en les mélangeant, une sorte de spirale qui semble confondre ses plis. Qu'avez-vous ? Des faisceaux infrangibles avec lesquels vous soutiendrez des ponts qui serviront à trans-

porter les plus lourds fardeaux. Telle sera
votre force dans les combats de la vie et
dans toutes vos entreprises, si vous savez
rester unis même dans les petites choses.

Un des plus grands dangers pour l'harmonie des familles, c'est que personne n'y veut
rien pardonner aux autres. Pour vous dis-
poser à l'indulgence, chers enfants, demandez-vous si vous n'avez pas, vous aussi, vos
travers et vos défauts. Où est la perfection
sur la terre? Que deviendriez-vous si Dieu
se montrait susceptible comme vous? La
paix s'achète seulement par des concessions
mutuelles. Vous aurez moins de peine à vous
réformer vous-mêmes qu'à réformer ceux
qui vous font souffrir, et vous aurez plutôt
fini de planter la vertu dans votre cœur que
d'extirper l'égoïsme de celui de vos frères.

Petit garçon, vous avez résolu de vous
livrer à ce jeu tapageur; mais votre sœur

jouerait avec vous, si vous choisissiez un jeu moins bruyant. Eh bien, ne la laissez pas dans un coin, seule, avec sa poupée. Non, cherchez un moyen terme convenant à tous deux. Vous trouverez assez d'autres occasions d'exercer votre corps et vos jambes. Aujourd'hui l'amusement qui vous rapprochera sera le meilleur. Prenez vos livres d'images ou vos jeux de patience ; organisez une partie de balle ou de cachette. Par là, vous prouverez votre générosité et vous cimenterez cette union fraternelle que vous serez bien aise de trouver plus tard dans la vie.

Vous, jeune fille, vous avez peut-être un frère dominateur, fanfaron ; il se prend pour un homme et vous traite avec hauteur. Vous répandrez-vous en invectives contre lui ? Gardez le silence ; avec le temps, vos complaisances et vos bontés le corrigeront.

Si vous lui tenez tête, si vous persistez à vouloir lui démontrer le ridicule de ses prétentions, il s'aigrira, vous aurez plus de taquineries encore à supporter, et, dans la suite, vous regretterez amèrement de vous être aliéné un cœur capable de vous devenir tout dévoué.

Un autre écueil contre lequel viennent souvent échouer l'amour et l'union de la famille, ce sont les rapports malveillants. Il faut absolument vous en abstenir, mes enfants. Vous êtes le cadet de la maison, je suppose; trop faible ou trop timide pour vous venger vous-même, vous allez, le cœur plein de malice et de rancune, vous allez en appeler à votre père ou à votre mère pour attirer des reproches à votre frère. Prenez garde. Une haine irréconciliable sera peut-être le résultat de votre démarche. Si une faute grave a été commise, vous êtes

obligé d'en informer vos parents, par intérêt même pour le coupable. Mais s'il s'agit
d'une vétille, et surtout d'une petite con-
trariété, ne rien dire sur le moment et ensuite dénoncer votre frère afin de le faire
gronder et punir, quelle hypocrisie ! quelle
méchanceté ! Ne vaudrait-il pas mieux demander grâce pour lui, qui est un rejeton,
comme vous, de cet arbre de la famille, où
circule la même sève et, pour ainsi dire, la
même vie ? Au lieu de l'accuser, constituez-
vous son avocat. Sa honte doit être votre
honte ; sa peine doit être votre peine. Dé-
fendez-le avec le cœur, quand vous ne seriez pas sûr de son innocence. A votre âge,
on est rarement chargé de la cause de la
justice ; mais on est toujours chargé de celle
de la bienveillance.

Cette vertu vous préservera de la jalou-
sie, cette disposition qui rend malheureux

du bonheur des autres, des caresses et des
éloges dont on les entoure. C'est un bien
triste défaut. Il fait le tourment de l'âme et
sème partout la zizanie. Il est la source des
dissensions et de la plupart des maux de
l'humanité. Caïn fut d'abord jaloux d'Abel
à cause de sa piété. Ensuite, il devint en-
vieux des prédilections divines dont il était
favorisé. Vous savez sa triste histoire :
il tua son frère. On n'aime pas à penser à
ce trait. L'esprit, au contraire, se repose
agréablement sur le tableau d'une famille
unie où règne seule l'affection. Que cette
affection soit la vôtre ! Non seulement vous
ne souffrirez pas de voir vos frères avec
certains privilèges; mais vous vous en ré-
jouirez. A ce prix, la paix viendra s'asseoir
au foyer de votre intérieur, et vous pourrez
dire avec le roi-prophète : *Qu'il est doux,
quand on s'aime, d'habiter ensemble!*

CHAPITRE XIV

LES FRÈRES DOIVENT SE SOUTENIR ET S'ÉDIFIER
LES UNS LES AUTRES

> Mes petits enfants, n'ai-
> mons pas de parole, ni de
> bouche; mais par les œuvres
> et en vérité.
>
> (*Première épitre de saint
> Jean*, chap. III, verset 18.)

L ne suffit pas que vous aimiez de bouche, ni de parole; il faut, vous dit saint Jean, que ce soit *en œuvre et en vérité*. Les membres d'un même corps ne s'entre-déchirent pas; ils se rendent, de mutuels services. Ainsi les

enfants de la même famille doivent s'em-
ployer au bien les uns des autres.

Si vos frères sont plus jeunes que vous,
votre rôle auprès d'eux tient de celui de la
mère : protégez - les. Jacques et Jean se
prennent de querelle : interposez-vous af-
fectueusement pour ramener entre eux la
concorde et la paix. Celui-ci a le malheur
d'offenser son père : vite, plaidez sa cause
avec tant d'éloquence que la punition soit
levée et le pardon accordé. Celui-là est atteint d'une maladie sérieuse : oh ! surtout
alors, soyez tout d'abnégation, multipliez-
vous sans songer une seule fois avec amer-
tume aux peines que vous vous imposez.

Les frères cadets doivent la déférence à
leurs aînés. Caressés et admirés de tous,
ils deviennent souvent égoïstes ; ils veulent tout attirer à eux. Garez-vous de ce défaut, apprenez à mortifier vos caprices et

vos goûts pour plaire aux autres. On vous oublie quelquefois pour s'occuper de vos frères et sœurs : ne vous en plaignez pas. On n'a pas la pensée ou la générosité de renoncer aux combinaisons et aux projets qui vous contrarient : acceptez-le de bonne grâce. C'est là le dévouement. Il est moins commode que l'égoïsme, c'est évident. Mais quel doux souvenir ne laisse-t-il pas au cœur !

Il importe de vous y exercer en toutes circonstances, pendant vos jeunes années. Plus tard se présenteront des occasions plus importantes. Alors vous serez prêts à tous les sacrifices. Si l'un de vos frères réussit mal dans ses affaires et que vous soyez plus favorisés de la fortune, vous lui tendrez la main, vous souvenant du temps où vous partagiez en commun le pain de vos parents. Si vos neveux deviennent orphelins, vous les prendrez à votre charge et les élevrez comme vos propres enfants. De nombreux traits édifiants trouveraient ici leur place.

C'était aux jours sombres de la Terreur. Deux frères, accusés de conspiration contre la République, étaient traduits devant le tribunal révolutionnaire et interrogés en face l'un de l'autre. Leurs réponses en tout semblables prouvaient assez leur sincérité. Néanmoins, le caprice dictant les arrêts, l'aîné est condamné à mort et le second absous. Quelle belle conduite tient alors celui-ci ? Se précipitant dans les bras de son frère et se tournant du côté des juges : « Citoyens, leur dit-il, si mon frère est coupable, je le suis aussi ; je dois périr avec lui. » Les juges, frappés de la force d'un sentiment dont ils n'avaient pas même l'idée, se regardent un instant et, par un élan unanime, les rendent tous deux à la liberté.

Une autre fois, un jeune homme était arrêté et mis en prison comme conspirateur. On se trompait, en le prenant pour son frère. Pour échapper à la mort, il n'avait qu'à révéler l'erreur. Il ne voulut pas le faire; il se laissa mener à l'échafaud sous le nom de son frère, heureux de sauver par ce moyen une vie plus utile que la sienne, le vrai coupable étant marié et père de famille, tandis que lui était célibataire.

Chers enfants, vous ne serez jamais trop dévoués pour vos frères. Toutefois, sachez-le bien, ce ne sont pas seulement leurs intérêts et leur vie temporels qui doivent être l'objet de votre sollicitude; c'est la formation chrétienne et le salut de leur âme. Serait-ce la peine de les aimer, de vous attacher à eux en ce monde, si, après la mort,

8

il fallait en être séparés pour toujours? Dans leur enfance, qu'ils apprennent de vous la prière, le catéchisme, la laideur du péché, l'amour de Dieu; menez-les avec vous aux offices de la paroisse; excitez en eux la piété. Dans les entraînements de la jeunesse, s'ils se conduisent mal, gagnez leur cœur par vos bontés; entretenez-les avec une douce sévérité des chagrins dont ils sont cause pour la famille; appelez-en de ce qu'ils sont à ce qu'ils étaient autrefois; si vous êtes obligés de renoncer à les prier, priez pour eux; enfin, soyez-leur un exemple vivant de foi et de vertu.

On le dit depuis longtemps, les exemples sont le meilleur moyen pour persuader; mais ceux de la famille sont de tous les plus efficaces; ils ont inévitablement une grande action sur les enfants. Un méchant personnage, sur le pont d'un navire, voulant nuire au marchand d'un nombreux troupeau de moutons, lui en acheta un, sans que le marchand se doutât de sa malice, et le séparant du troupeau, il le précipita bêlant dans la mer. Aussitôt chaque mouton sauta de même à la suite du premier et le troupeau se noya tout entier. Nous vous aimons trop pour vous comparer à des bêtes, si douces soient-elles. Mais, il n'est pas moins vrai de le dire, l'homme, l'enfant surtout, est naturellement imitateur ; il fait d'instinct ce qu'il voit faire, le mal plus encore que le bien. Aussi, voyez combien est grave pour vous l'obligation du bon exemple. Ici, l'Esprit-Saint vous dit : *Gardons avec fidélité tout ce qui peut nous édifier.* Là il ajoute : *Malheur au monde à cause de ses scandales ! Celui qui scandalise un de ces petits, il vaudrait mieux pour lui qu'on lui attachât au cou une meule de mou-*

lin et qu'on le jetât en mer. Si votre main ou votre pied sont un sujet de scandale, coupez-les et jetez-les loin de vous! Il vaut mieux pour vous entrer dans la vie, n'ayant qu'un pied ou qu'une main, que d'en avoir deux et d'être précipité dans le feu éternel. Et si votre œil vous est un sujet de scandale, arrachez-le et jetez-le loin de vous; il vaut mieux pour vous entrer dans la vie, ayant seulement un œil, que d'en avoir deux et d'être précipité dans le feu de l'enfer.

Chère petite fille, si capricieuse et si entêtée, vos défauts sont vilains, sans doute : ils ont besoin de répression. Mais ils n'auraient été pour votre mère qu'une demi-tristesse, si votre frère, d'un naturel pourtant bien obéissant, ne s'était modelé sur vous et n'avait appris de vous à se révolter. Où aboutira-t-il à présent?

Et vous, petit garçon, le désir de cacher

votre gourmandise et votre paresse vous a poussé au mensonge, vous êtes aussi doublement coupable : d'abord vis-à-vis de vous-même par la faute que vous avez commise, puis vis-à-vis de votre sœur cadette en exerçant sur elle une fâcheuse influence. Cette âme, naïve et droite, ne soupçonnait pas la possibilité de fausser sa conscience. Peut-être ainsi l'avez-vous mise sur le chemin de l'enfer.

Quand vous irez paraître devant le tribunal redoutable de la justice céleste, vous rendrez un compte exact et rigoureux du mal que vous aurez accompli vous-même et dont vous aurez été la cause première. Dieu vous dira, comme à Caïn : « Qu'as-tu fait de ton frère ? » et en même temps : « Quel amour as-tu porté à ton père ? Quelle docilité as-tu témoignée à ta mère ? De quel respect, de quels soins les as-tu entourés ? »

8.

Terribles questions dont la solution décidera en grande partie votre destinée éternelle. Comment y répondrez-vous? Par le cri du désespoir? Ah! puissent ces modestes pages contribuer à prévenir un tel malheur, en vous persuadant de ne négliger aucun devoir envers votre famille! C'est le succès que nous leur souhaitons. Si Jésus, le parfait modèle des enfants, daigne entendre nos vœux, ses bénédictions féconderont nos efforts et vous feront grandir, à son exemple, *en âge et en sagesse;* non seulement vous aimerez vos parents, mais vous mettrez tous vos soins à les rendre heureux.

TABLE

Lyon. — Imp. Emmanuel VITTE, rue Condé, 3o.

www.ingramcontent.com/pod-product-compliance
Lightning Source LLC
Chambersburg PA
CBHW072115090426

42739CB00012B/2988